手把手教你打造赚钱的实体店，开

实体店这样运营能爆卖

邹云锋◎著

中华工商联合出版社

图书在版编目（CIP）数据

实体店这样运营能爆卖 / 邹云锋著 . -- 北京：
中华工商联合出版社，2018.6
　ISBN 978-7-5158-2270-9

　Ⅰ . ①实… Ⅱ . ①邹… Ⅲ . ①商店 – 商业经营
Ⅳ . ① F717

　中国版本图书馆 CIP 数据核字（2018）第 071308 号

实体店这样运营能爆卖

作　　者：邹云锋
策划编辑：胡小英
责任编辑：李　健
封面设计：华业文创
责任审读：李　征
责任印制：迈致红
出版发行：中华工商联合出版社有限责任公司
印　　刷：天津冠豪恒胜业印刷有限公司
版　　次：2018 年 5 月第 1 版
印　　次：2019 年 11 月第 2 次印刷
开　　本：710mm×1020mm　1/16
字　　数：180 千字
印　　张：14.5
书　　号：ISBN 978-7-5158-2270-9
定　　价：45.00 元

服务热线：010-58301130
销售热线：010-58302813
地址邮编：北京市西城区西环广场 A 座
　　　　　19-20 层，100044
http://www.chgslcbs.cn
E-mail: cicapl202@sina.com（营销中心）
E-mail: gslzbs@sina.com（总编室）

工商联版图书
版权所有　侵权必究

凡本社图书出现印装质量问
题，请与印务部联系。
联系电话：010-58302915

前 言
PREFACE

随着互联网技术的迅猛发展，电商快速崛起，传统实体店正在经历一轮前所未有的格局之变。在电商的猛烈冲击下，实体店经历了高库存、关店潮、深度调整、业绩大幅下滑等一系列打击，很多实体店经营者选择关店，进军电商，甚至有人认为实体店大势已去，在未来没有发展前途。

在我看来，未来实体店的发展空间不仅不会消失，反而会进一步扩展，更深层次地融入人们的生活和工作中去。即使互联网能让我们足不出户就买到世界各地的商品，但是我们仍然不能说，实体店在电子商务的挤压下会彻底消失。根据埃森哲最新调查发现，当下消费群体中出现了"重返实体店"的现象，未来计划更多通过实体店进行购物消费的顾客比例将越来越高，这一趋势不仅发生在中国，在美国、欧洲等成熟市场表现得也非常明显。

消费者之所以选择网购，原因无非有以下几点：选择的范围广泛，便于比较，易于搜索，快捷方便，等等。但不可忽视的是，网购除了这些优点之外还存在着致命的缺点——只能眼观，不能触摸，不能试穿，不能品尝，无法避免色差，还要容忍快递"龟速"的折磨。对我们而言，

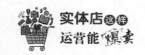

购物应该是一件非常美妙的事情，实体店能带给我们一种踏实感，我们能够享受到逛、找、品、试、鉴、比的乐趣，这种购物体验是电商无法提供的。而且除了商品本身外，店铺的装修设计以及店内物品的陈列摆放，店员为顾客提供的个性化服务，甚至店内细微至极的香氛气味，都能够给进店顾客带来极致体验，这些都是实体店战胜网店焕发强大生命力的基础。

当前，实体店正想方设法吸引消费者进店消费，传统的"等客上门"心态已经不复存在。我们可以一方面通过积极布局包括网络销售方式在内的全渠道营销体系来拓展同消费者的"接触空间"，另一方面则极力寻求优势互补的合作伙伴，通过相互借力，对传统实体店铺进行改造提升，以良好的购物体验来赢得顾客。

那么如何定位实体店在多渠道中的角色呢？如何才能为实体店注入全新的购物体验？如何同顾客进行多维度、多方式的个性化互动？如何更加有效地激发顾客的购买欲望？如何创造出品牌、产品和顾客之间的深层交互体验？这些问题已经成了当前实体店需要思考的关键点，抓住了这些关键点，实体店才能在同电商的竞争中重获新生，而这些问题的答案都将在本书中揭晓。

线上和线下，其实没有所谓的边界和顺序之分，商业的本质归根结底在于洞悉顾客的需求，继而提供最好的解决方案满足这些需求。本书立足于这一点，从实体店定位、顾客体验满足、匠心打造产品、创意、贩卖生活方式、打造有温度的商业、洞悉顾客心理、做好服务以及打好融合牌九个大方面进行深入浅出的剖析，用实战性案例指导实体店如何转变思维，找到问题，创出新意，帮助实体店经营者打开一片全新的天地。

目 录
CONTENTS

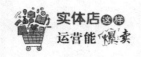

第一章

赚不到钱？坚持不下去？先找找自己的品牌定位

一个实体店如果没有准确的定位，别人自然没有光顾你的理由，因为他不知道你能带给他什么。你的产品卖给谁？你的顾客在哪儿？你的资源有哪些……找准属于你的市场定位点，这就是成功的关键。

01. 定位不是选出来的，而是提炼出来的

一提到定位，很多人首先想到的就是"选择"，他们会在内心中不断地问自己这样一个问题：我该选择哪些行业，哪些设计，哪些功能？在我看来，这样选择出来的品牌定位其实已经注定了品牌的庸俗无味，因为品牌该如何定位，并不是自问自答选择出来的，而是根据顾客的需求提炼出来的。

怎么理解这个"提炼"？简而言之，提炼就是总结顾客的需求，然后在此基础上进行聚焦。艾·里斯是世界知名的品牌定位专家，但是在他的名片上却没有印"定位"一词，而是印了另外一个词"聚焦"。艾·里斯之所以如此欣赏"聚焦"，正是明了定位的关键在于提炼，在于总结顾客需求之后的聚焦。如图 1-1 所示：

图 1-1 提炼的目的在于聚焦

在 20 世纪 60 年代以前，可口可乐是全球饮料市场上当之无愧的老大，那个时候可口可乐并没有将百事可乐当作能够威胁自己的竞争对手。但是当百事可乐提出"新生代的选择"这一品牌定位时，可口可乐却一下子慌了手脚，感受到了强烈的危机感。新生代和父辈之间天然存在的"代沟"，不仅仅意味着因他们的价值观摩擦会形成心理隔阂，而

且还孕育着十分诱人的"对立经济"。百事可乐正是敏锐地意识到了这一点，从年轻人入手，提炼出了"新生代"这一品牌核心内涵，将年轻群体作为自身品牌的目标消费人群，以此对可口可乐品牌发起了一场"定位战争"。

为了尽可能地取得这场战争的胜利，百事可乐在之后开展的系列公关攻势中施展出了两记杀招：首先，百事可乐经过详细的调查发现新生代普遍崇尚影视偶像，利用这种心理特征，百事可乐花费巨资聘请流行音乐巨星做其广告形象代言人——邀请迈克尔·杰克逊作为广告形象代言人，拍摄了由他和其他明星共舞的广告宣传片。根据媒体报道，在广告片首播的那个晚上，几乎所有的青少年都安静地坐在电视机前等待着，以至于当晚全美青少年犯罪率明显下降。其二，百事可乐采取了对比策略，在充满火药味的对比中紧咬对手，以可口可乐的"老迈、过时、落伍"形象来衬托自身品牌的"年轻、活力、潮流"形象。

百事可乐提炼出来的"年轻、活泼、朝气、激情"的品牌定位获得了美国新生代消费者的认同，获得了他们在情感上的共鸣和支持。这种品牌定位成功激发了青少年消费群体的购买欲望，从而推动了百事可乐产品销量飙升，成为仅次于可口可乐的饮料巨头。

由此可见，在品牌定位过程中，提炼的重要性非同一般，对品牌的成败起着决定性的作用。那么在具体的提炼过程中，我们应该从哪些方面入手呢？

提炼用户需求

需求大小影响定位。对实体店而言，只有先确定了顾客需求的大

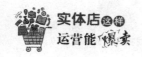

小，才能在此基础上决定产品和服务的类型和规模。那么需求大小如何确定呢？想要弄清顾客需求的大小，企业可以通过顾客的属性、场景以及频率来定位。我们可以将顾客区分为普通顾客、目标顾客以及粉丝顾客，普通顾客和目标顾客的需求对实体店的影响比较大，需要我们有针对性地做好调查和数据分析，从中判断这两类顾客需求的大小、频次。粉丝顾客的需求则是特殊的大需求，他们对我们产品的忠诚度比较高，对产品的需求相对比较大，所以他们的需求比较好判断。对实体店而言，如果是大需求就可以决策去"做"，相反，如果是小需求就可以决策"不做"。

另外，我们在做顾客需求分析时应该将需求分为目的、原因和行为三部分：目的指的是顾客的基础需求，原因是顾客的真实需求，行为是顾客为实现需求目标所要操作的所有步骤，这三个部分组成了顾客需求的全过程。所以我们在做顾客需求分析时，要综合考虑满足顾客需求的整个过程，假如我们的产品能够满足顾客需求的三个方面（如图1-2），那么我们就可以放心大胆地定位产品；假如产品不能满足顾客需求的三个方面，那么我们在定位时就需要谨慎决策。

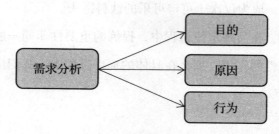

图 1-2　顾客需求分析三要素

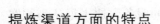

提炼渠道方面的特点

在品牌定位中，我们除了要提炼顾客的需求之外，还可以立足自身渠道，提炼我们在产品渠道上的特色，突出自身的与众不同，从而在顾客眼中留下深刻的印象，获得顾客的好感并占领顾客心智。

戴尔电脑的网络直销是戴尔品牌的一大特色，这种产品渠道消除了中间商，减少了传统分销花费的时间和成本，使得戴尔库存周转和市场反应速度大幅提高，而且戴尔据此还能够清晰地了解到顾客的需求，并用富有竞争性的价格，定制并提供具有丰富选择性的电脑相关产品。想要订购戴尔电脑的顾客，可以直接在网上查询相关的产品信息，5分钟之后收到订单确认，不超过36小时，电脑就会从生产线上"诞生"，通过快速网络送到顾客的手中。

戴尔在定位时就提炼出了自身在渠道上的优势，将直销、定制、送达等理念融入了自身品牌之中，从而获得了更多顾客的青睐，借此成为顾客眼中的重要电脑品牌。

提炼服务方面的特点

随着社会经济水平的不断发展，顾客在消费环节对服务的要求越来越高，在很多时候服务好不好直接决定了产品对顾客吸引力的大小。基于此，我们在提炼定位时不妨聚焦自身服务上的特点，将服务的鲜明特色直观地展示在顾客面前，如此必然能够在第一时间吸引顾客关注，获得顾客好感。

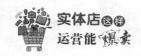

迪士尼公司认为想要做出成就，首先应该让自己的员工心情舒畅，愉悦的员工才能更积极主动地为顾客提供优质的服务。迪士尼认为顾客来到迪士尼最主要的目的就是寻找快乐，假如他们对迪士尼的服务不满意，乘兴而来，扫兴而归，那么还会有什么人前来呢？所以迪士尼公司特别注重员工培训和福利，重视构建和谐愉悦的伙伴关系，以此为动力，从根本上提升服务水准。

在定位中提炼服务特色并将之发扬光大的实体店还有海底捞火锅连锁店。海底捞管理层认为，顾客的需求五花八门，仅仅用制度和流程培训出来的服务员最多只能算及格，显然不能全方面地满足顾客的需求。所以，海底捞认为提升服务水平的关键不是培训，而是创造让员工愿意留下来的工作环境。海底捞火锅连锁店和谐友爱的企业文化让员工有了归属感，从而将员工们原来的被动式工作转变为主动工作，将"要我干"变为"我要干"，让每一位顾客从进门到离开都能真切地体会到"五星"级别的服务，从而对海底捞留下一个特别深刻的印象。这种服务上的提炼使得海底捞定位精准，为海底捞带来了丰厚的回报，旗下各个连锁店一直稳稳占据所在城市"服务最佳"的榜首位置，成为顾客火锅的首选品牌。

操纵已经存在的认知

实体店想要精准地进行品牌定位，打造出爆品，很多时候并不需要刻意地去创造什么新奇的事物，而是要学会操控潜在顾客心目中已经存在的认知，并且能够高效精准地丰富这些已经存在的关联认知。

二十世纪七八十年代的美国，女性并不怎么追求内衣的样式和格

调，对内衣品位没有什么特别的要求，绝大多数美国女性都穿着宽大、单调的棉质内衣，对她们而言，内衣仅仅是一种满足生理需求的衣物。维多利亚的秘密正是在这种背景下出现的，它强调内衣的性感和优雅，而非舒适，用这种独特的定位彻底颠覆了美国女性对内衣功能的认知。为了践行"性感""舒适"的定位，维多利亚的秘密不但在设计上非常注重为内衣添加性感和优雅元素，在零售店风格上也花了大心思，其首家零售店就装饰成了英国维多利亚的复古风格，让自身看起来越发卓尔不群。

正是凭借着这种精准的定位，维多利亚的秘密挖掘出了美国年轻女性内心中深埋的对性感和优雅的追求，以此在顾客群体中留下了深刻的印记，并且在年轻女性头脑中形成了这样一种认知——只有穿上维多利亚的秘密，才能塑造出完美性感的身材。如此一来，维多利亚的秘密想不成为爆品都难！

02. 你最好与别人有所不同

现如今，品牌在很大程度上已经成了顾客选择产品时的首要因素，很多顾客都是冲着品牌购买产品，谁的品牌看起来与众不同，有特色，那么谁的产品就容易吸引顾客的关注，成为顾客消费时的首选。特别是在当前产品同质化越来越严重的背景下，与众不同的定位才会让产品走到聚光灯下，赢得顾客的更多好感和信赖。正如美国西北大学著名教授舒尔茨所说：在同质化的市场中，唯有传播能创造出差异化的品牌竞争

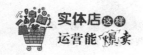

优势，才能真正获得成功。

养生堂在中央电视台推出了"农夫山泉有点甜"的纯净水广告，播出后在消费者群体中引发了普遍关注。当时农夫山泉产品还没有在全国范围内上市，这则广告就已经将"农夫山泉"的品牌传播到了大江南北，大街小巷几乎童叟妇孺皆知。

我们从这句广告语中就可以感受到农夫山泉清晰的品牌定位：用"有点甜"来做品牌的区分，占据消费者的心智资源。当时的中国纯净水市场，大家只有从瓶装水的包装和广告中才能区分品牌，也就是说各个品牌同质化现象比较严重。在这种状态下，当顾客听到"农夫山泉有点甜"的广告语之后，立即便会萌发一种想要尝一下的消费冲动。也正是基于这样的差异化品牌定位，让农夫山泉迅速跻身于当时纯净水行业销售巨头行列。

之后农夫山泉在品牌定位中继续突出自身与其他纯净水品牌的差异，广告语从"农夫山泉有点甜"转为为"好水喝出健康"，更加突出水源的高品质特性，同时也在向顾客暗示农夫山泉之所以甜，最根本的原因还是在于水源好——千岛湖的活水，是真正的健康之水。后来农夫山泉的广告语又悄然换成了"我们不生产水，我们只是大自然的搬运工"，这一广告语继承了农夫山泉在品牌定位上的差异化策略，紧紧抓住了"健康"的理念，非常直白地告诉大家：我们的水并不是生产出来的，不是后续添加矿物质生产出来的。这样就一下子将自身同那些生产纯净水的品牌区分了开来，"大自然的搬运工"非常形象地将农夫山泉的精华内涵呈现在了顾客眼前，将竞争对手越甩越远。

除了农夫山泉之外，依云矿泉水作为世界上最昂贵的矿泉水，品牌定位也刻意突出自身的与众不同，打造出了"水中贵族"的品牌形象。

传说每一滴依云矿泉水都来自于阿尔卑斯山头的千年积雪，然后再经过15年的缓慢渗透，由天然过滤和冰川砂层的矿化而最终形成。大自然赋予了依云矿泉水绝世脱俗的尊贵，加之成功治愈了患病侯爵的传奇故事，使得依云水成为纯净、生命和典雅的象征，以10倍于普通瓶装水的奢侈价格出售。

由此可见，在品牌定位中，我们最好能够展现出自己的特色，让自身同其他产品有所不同，做到差异化。这样我们的品牌才能更吸引顾客的关注，更容易获得顾客的好感，更快速地获得顾客的信任。反之，假如我们的品牌定位没有特色，和其他品牌区分度不大，那么在顾客看来自然也没有什么吸引力，我们的产品在顾客心中也就激不起丝毫涟漪。

那么具体要从哪些方面入手，才能让我们的品牌更具特色，更容易和其他品牌区分呢？

在原料方面突出差异化

品牌的特色最终还是要体现在产品上，产品的特色关键是在原材料的选择上。当我们的产品在原料选择上有自身特色时，我们就可以在品牌定位上突出这一点，使之成为品牌中的一个闪光点，成为顾客辨识品牌的一个主要切入点。

哈根达斯在宣传自身品牌的时候，为了突出品牌的与众不同，就将重点锁定在冰激凌原料上，强调制作冰激凌的原料是取自世界各地的顶级产品。比如来自马达加斯加的青草代表着无尽的思念和爱慕，取自比利时纯正香浓的巧克力象征着热恋中的甜蜜和力量，从波兰引进的红色

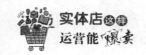

草莓代表着嫉妒和考验，来自巴西的咖啡则是幽默和宠爱的化身，所有的这些原料不仅口味纯正，而且都是纯天然。正是基于这种原料上的纯正，哈根达斯成了大家眼中的时尚浪漫休闲食品，一句"爱我，就请我吃哈根达斯"让无数人为之痴迷。

在设计上突出差异化

设计上的差别可以显著影响产品的品牌定位，从而使得整个品牌看起来有自己的特色。也就是说，我们可以在设计阶段就植入个性，植入差异化基因，从而让我们的产品和服务亮点突出，分辨度高，能够在第一时间引发顾客关注。

苹果公司的产品辨识度很高，最主要的一点就是设计上有个性，不管是台式电脑、pod 音乐播放器还是 iphone 手机、ipad 上网本，都能凭借着令人耳目一新的设计让顾客眼前一亮，令顾客惊艳，苹果品牌在顾客眼中也就成了时尚与品位的先锋，成为代表自身品位的标志。

Swatch 手表在设计之初便创新性地定位于时装表，以充满青春活力的城市年轻人作为目标人群。在市场推广过程中，Swatch 手表打出了"你的第二块手表"的广告语，强调 Swatch 手表可以作为配饰搭配不同的服装，可以不断换新而在潮流变迁中永不过时。Swatch 手表的设计追求的是一种创意，以新奇、前卫、时尚、有趣为设计方向，因而在年轻人群体中赢得了"潮流先锋"的美誉。而且 Swatch 手表的款式更迭很快，不断推出新款，并为每一款手表赋予别出心裁的名字。这样一来 Swatch 手表就展现出了强烈的个性化，对顾客的吸引力也就变得更大，甚至有博物馆开始收藏，有拍卖行对某些短缺版进行拍卖。

在制作工艺上体现差异

实体店想要在定位上体现出差异化，还可以在制作工艺上做文章，利用制作工艺上的特色体现自身的与众不同。通常而言，当我们的产品在制作工艺上展示出不同的特色后，留在顾客心中的印象就会更加深刻，就越能获得顾客的好感。

真功夫快餐在制作工艺上就非常注重挖掘传统烹饪的精髓，利用高科技手段研制出"电脑程控蒸汽柜"，深挖烹饪中的"蒸"功夫，力求将通过对这一传统烹饪方法的探索为顾客制作出口感更醇厚的美食。立足这一点，真功夫提出了"坚决不做油炸食品"的产品定位，用"蒸"字诀一举击中了洋快餐的"烤、炸"工艺对健康不利的软肋。

03. 如果再努力也没用，那么请放弃

在我看来，一个好的定位有得也必须有舍，学会放弃是非常重要的。特别是当我们在一个方向上尽了最大的努力也不曾取得最初预期的效果时，那么我们就需要学会放弃，寻找另一个方向定位品牌。

在品牌定位中，放弃包含两个方面：其一，舍弃看不到希望的或杂乱无用的东西，精简不必要的投入，集中资源；其二，找到正确的方向，专注于核心业务、核心价值，或在精小、专业领域做出成绩。如图1-3所示：

图 1-3　放弃含义图示

很多航空公司在品牌定位时追求多业态，在拓展业务时表现得非常激进，比如客机和货机并不是一个业务，但是大家都想"客货通吃"，做大做强；不管目的地是旅游城市还是商务城市，很多航空公司会两者都做。这样一来，几乎所有的大航空公司都开辟了国内航线，又经营国际航线，既有经济舱又有商务舱，既搭载乘客又运输货物。

但是有一家航空公司却是一个"另类"，那就是美国的西南航空公司。这家航空公司之前也曾经想要"样样通吃"，但是在这种品牌定位下的同质化竞争中，不管其如何努力，始终达不到做大做强的目标。西南航空公司没有一条路走到黑，眼看"样样通吃"行不通，于是立即进行了品牌再定位，确立了"单一经济舱飞行"的品牌理念，舍弃了很多东西：不能携带宠物、不提供食物、不能中转行李、不打折、不预订座位……很多人对这样的品牌定位持怀疑态度，说了这么多的"不"，设定了这么多的限制，肯定会伤害到公司的业务。但是让这些人惊讶的是，西南航空不仅没有因此"堕落"，反而凭此成了一个竞争力强大的品牌。

为什么舍弃了这么多，出了那么多的限制，西南航空的品牌反而变得更具竞争力了呢？因为"单一经济舱飞行"抓住了人们的省钱心理，而且舍弃诸多业务之后西南航空只飞一种机型，运营和维护成本都变得更低。相对应的，其他航空公司因为"大而全"的业务导致机型众多，运行起来就困难得多，成本也非常高昂。正因为放弃了"大而全"，专注于一个方面，为顾客提供最经济的出行方式，所以西南航空品牌才变得更具竞争力。

放弃"大而全"，专注"小而精"

很多实体店再定位品牌的时候片面追求"大而全"，认为只有做大做全，品牌才更具价值，在顾客眼中才更具吸引力。实际上这种想法是非常片面的，大而全固然能够在一定程度上彰显品牌的"高大上"，但是却会在很大程度上分散我们有限的资源，导致"大而不精，全而不细"的局面，这样的品牌看在顾客眼中反而会缺失吸引力。对此相对应的是，"小而精"也并不意味着品牌没有发展前途，相反，"小而精"意味着我们可以集中有限的资源做得更加精细、专业。随着顾客对产品细节、品质、专业等方面的需求不断提升，"小而精"的品牌更易于引发顾客的关注，获得顾客的喜爱。所以我们在品牌定位的时候要立足自身产品特点，放弃"大而全"的思维，专注于"小而精""小而美"。

放弃浮夸想象，专注顾客需求

很多品牌定位之所以在花费了大量的人力物力之后收不到预期的效果，甚至血本无归，最主要的一个原因是其定位太浮夸、太想当然，并没有什么现实的根据，就像虚无缥缈的空中楼阁，没有根据，定位得再好，也经不起市场的检验。所以我们在定位品牌时，要摒弃不切实际的浮夸想象，立足于顾客的实际需求。也就是说，我们要一切从实际出发，做到实事求是，才能更好地定位好品牌。

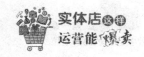

放弃投机，专注核心价值

　　品牌定位是一个非常严肃的事情，整个过程需要我们立足自身产品的实际情况，结合市场发展趋势和顾客实际需求，做出最终决策，为品牌注入核心价值，以期吸引顾客关注，博得顾客好感。假如我们在定位过程中采取投机做法，朝三暮四，妄想取悦所有人，那么我们的品牌必然杂乱散漫，看起来四不像，自然也就不会成为人们心中的最爱。品牌定位缺乏专一性，缺少引发顾客情感共鸣的核心价值，也就丧失了吸引顾客的"磁极"。

04. 每人都有一块自己的地盘来"捕猎"

　　品牌定位最重要的是找准自己的生存和发展空间，划出自己的势力范围，之后通过长时间经营，在这一空间内做到最好，在顾客心目中烙下"在这个领域我就是最好的"印记，才能成功占领顾客心智。这就好比每一只老虎都有自己的地盘捕猎一样，在这块地盘上，老虎就是国王，是主宰，是每一种动物内心中的最高存在。

　　在品牌定位时，地盘意味着什么？意味着细分的市场和专属消费群体，我们的产品主要针对什么消费人群，想要瓜分市场中的哪一块蛋糕，明确了这一点，我们也就划出了我们的品牌地盘，之后才能更加精准地在这块地盘上"捕猎"。品牌地盘的划分方法见图1-4：

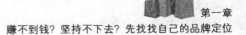

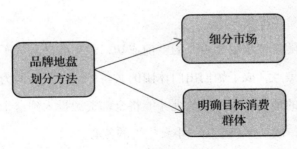

图 1-4　品牌地盘划分方法

　　蒙牛集团在推出蒙牛酸酸乳时，明确将"13～18岁人群，尤其是感性的女生"作为蒙牛优酸乳的目标消费人群。蒙牛希望通过与感性女生青睐的电视节目进行合作的方式来吸引目标消费群体的关注，在这种品牌定位策略的背景下，蒙牛看重了刚刚诞生的"超级女声"，希望通过和"超级女声"的合作顺利地开辟出自己的专属地盘，俘获感性女生消费群体的芳心。

　　蒙牛开始和湖南卫视洽谈合作，为了将地盘划得牢不可破，蒙牛并不想做简单的冠名，而是希望深度参与到"超级女声"中，从而赋予蒙牛酸酸乳这个品牌新的性格。最终蒙牛和湖南卫视达成了合作协议，蒙牛选择了长沙、郑州、杭州、成都和广州5个城市作为赛区，将之作为自己的"地盘"，重点开发这5个城市市场，追求这5个城市中的感性女生。

　　之后蒙牛选择了首届"超级女声"季军张含韵作为酸酸乳的广告形象代言人，发布了让全国"小女生"尖叫的"酸酸甜甜就是我"的品牌宣言，充分表达了目标人群的个性，展示了她们前卫的精神诉求。与此同时，蒙牛向市场投放了20亿包产品，投放了1亿张海报在各个赛区张贴，还在全国做了300场"超级女声迷你歌会"，同时还设立了"超

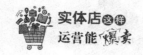

级女声"夏令营进行促销。

最终，随着"超级女声"的空前成功，蒙牛酸酸乳成了全国"小女生"关注的焦点，成了她们出门休闲的必备产品。正是因为正确快速地划定了自己的地盘，蒙牛酸酸乳才能将全部资源投入到这个地盘中，毕其功于一役，成功俘获全国"小女生"的芳心。

所以，我们在品牌定位时，要学会为自己"划地盘"，善于为产品"找对象"。只有做到了这一点，做好了这一切，我们才能集中有限的资源更好地去满足目标消费群体，才会最大限度地将自身品牌形象烙印在顾客心中。

确定目标消费人群

划地盘的重中之重就是根据产品形象、功能等确定目标消费人群。一款产品不可能面面俱到，吸引各个年龄段、各个收入阶层的收入者，基于此，我们必须圈定产品的直接销售对象，确定最主要的营销群体，如此我们才能有针对性地制定产品营销策略，塑造品牌核心价值，将有限的资源花在刀刃上。假如我们不确定目标消费人群，采用漫天撒网式的营销方式拓展市场，那么最终的收获肯定会少之又少，甚至是竹篮打水一场空。

确定核心功能

顾客选购商品是希望获得某些使用价值，也就是具体的使用功效，比如"舒肤佳"强调的是"有效祛除细菌"，沃尔沃汽车定位于"安全"，

海飞丝则是"去屑"，就是强调产品的核心功能和特点。只要产品的核心功能占据顾客的心智，那么我们就等于在顾客的头脑中划分了自己的地盘，就有机会在竞争中占得先机，获得最终的胜利。

养生堂的"朵尔"是专门针对女性细分市场，紧扣女性对美丽的渴望，在概念营造上棋高一招，提出"由内而外地美丽"，言外之意就是别人都在做表面功夫，而"朵尔"可以内外兼修，从而打动顾客的心。还有比如红牛的补充能量定位，脑白金的礼品定位等，都是直接从核心功能上划分了自己的地盘。

在品类上划出自己的地盘

在品类上做到"第一个"，那么我们就能划出一块没有对手的处女地，最终获得先机，打出品牌知名度，从而获得巨大的利润回报。

在众多感冒药中创新性提出"白天吃白片，黑夜吃黑片"的"白加黑感冒药"，就成功地依靠其独特的"分时感冒药"概念划出了一个全新的地盘。白加黑感冒药在定位的时候并没有急于界定人群功效和价格，而是从产品品类上创新性地定义自己所属的品类，不再是一片药一个品类，而是一片代表白天服用的"白药片"加上一片代表黑夜服用的"黑药片"，统称为"分时感冒药"，使其区别于传统感冒药。由此，中国感冒药市场由之前多品牌拼一种药的格局转变为普通感冒药和分时感冒药两种不同品类争夺市场的格局，而在分时感冒药品类中，盖天力的白加黑是当时唯一的代表和市场占有者。

05. 抛出一个场景，你是专家

实体店品牌定位需要特定的场景，当顾客置身于一个场景中首先想到的就是我们时，我们的品牌定位才能称得上成功。"经常用脑，多喝六个核桃"、"小饿小困，喝点香飘飘"、"益达，饭后嚼两粒"、"感觉不在状态，随时脉动回来"、"怕上火，喝王老吉"……这些耳熟能详的广告语其实就隐藏着各种场景下的品牌定位，能够让大家处于相应场景时首先想到的就是某个品牌。

也就是说产品本身并不能立即为顾客带来直观感受和利益，除非它能激活顾客在特定场景的联想，并能够在这种特定场景中解决顾客的特定问题。这样一来，我们的产品才会和顾客建立起强大的利益关联，在顾客内心中留下深刻印象。

我将顾客在购买产品之前所进行的场景模拟称之为"场景按钮"，品牌有没有"场景按钮"，是决定定位成败的最关键一环。比如之前提到的"怕上火，喝王老吉"，顾客在购买王老吉的时候思考最多的其实并不是它的口味如何，而是各种场景下的"消火"这个功能，这样一来品牌和场景之间也就建立起了一对一或者一对多的关联。也就是说，"场景按钮"可以激活顾客的消费行为。

近年来凉茶出现在超市、餐厅、商场等消费场所，成为大众生活中不可或缺的一部分。在众多品牌的凉茶中，王老吉无疑最具传奇色彩，也一直保持着凉茶销量冠军的桂冠，王老吉为什么能够取得这样的成绩呢？

其实王老吉在2002年前一直处于不温不火的销售状态，其异军突起的转折点是成美咨询公司将它的品牌重新定位，在2002年王老吉的销售额为1.8亿元，而到了2003年销售额就增长到了6亿，2006年达到了40亿，到了2015年，王老吉的年销量达到了150亿。由此可见王老吉这次品牌定位的成功。

在王老吉的品牌再定位过程中，成美咨询公司经过调查，发现很多顾客普遍存在喜爱煎烤口味饮食，夜生活比较丰富，而且大多数顾客生活压力都比较大，不规律的饮食习惯以及不断加大的生活压力极易引发身体"上火"。这使得顾客常常处于"上火"的煎熬之中，在心理上普遍期待能够提前预防一下。正是意识到了这一点，成美咨询公司为王老吉量身打造了"怕上火，喝王老吉"的广告语，迎合目标消费群体的需求，帮助他们排除怕上火的顾虑。

"怕上火，喝王老吉"，七个字的广告语通俗易懂，简单明了，很容易给目标消费群体留下深刻的印象。此外企业还对王老吉的历史文化进行了宣传，凸显王老吉品牌的降火功效为历史承认的概念，以此增强顾客对"王老吉"的信任感。最重要的一步是，企业还在电视广告中配合以吃火锅，通宵看球赛，吃油炸食品薯条、烧烤和夏日阳光浴等几个日常生活中常见的场景，强化品牌定位和产品的功效，促使顾客在现实生活中的相应场合下会自然联想到王老吉，从而产生购买欲望。

王老吉品牌再定位之所以能够成功，最关键的一点是在对目标消费群体特征充分了解的基础上，融入了目标消费群体生活中常见的场景，很好地将产品功能和目标消费群体期盼的场景问题解决方案匹配起来，从而引发了目标消费群体的共鸣，最终将自己融入了目标消费人群的生

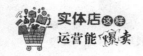
活中，成为大家生活中不可或缺的一部分。

在我看来，藏有场景按钮的品牌最重要的一个秘密是能够占领顾客的心智，完成品类"选择封杀"（见图1-5）。品牌的本质是吸引顾客并且留住顾客，而要想吸引顾客，就需要从顾客角度出发，去占领顾客的"心智"，而想要占领顾客心智，首要前提就是将顾客带到一个特定的场景中，并且放大顾客在这个场景下的痛点需求。

图1-5 品牌融入场景完成"选择封杀"

比如当"怕上火，喝王老吉"的诉求深入人心的时候，"王老吉"在某种程度上就完成了对顾客预防上火这个场景的品类"选择封杀"。顾客一旦进入"会上火"的各种场景中时，就会不自觉地联想到"王老吉"。

所以我们在品牌定位时一定要为其加入"场景按钮"，这样我们的品牌定位才会更具"杀伤力"。那么场景按钮如何设置呢？

人物场景设置：谁？和谁？

在场景中我们需要强化人物特性，比如某类人群的共同特征，或者同什么人共同使用，等等。这样一来，当类似场景按钮出现或者预测会出现时，我们的品牌在目标人群心中自然也就成了第一选择、唯一选择。比如"六个核桃"的"爱用脑"系列广告，拨开层层面纱，其实

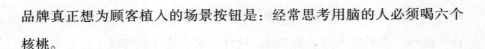

品牌真正想为顾客植入的场景按钮是：经常思考用脑的人必须喝六个核桃。

时间按钮设置：什么时间？什么时机？什么时刻？

在品牌的场景设置中，"时间"也是一个重要的场景按钮。这个"时间"可以是一个具体的时间点，诸如早晨、睡前之类；也可以是某些特定的"时刻"，比如约会时刻、感冒时刻、微笑时刻、结婚时刻，甚至是无聊时刻，等等。需要注意的是，在设置这类时间按钮时，我们需要确保场景更加明确，更易于感知，更容易抓取，不然就会导致顾客在认知上出现模糊感，达不到刺激顾客消费的最终目的。

比如营养快线的"早餐喝一瓶，精神一上午"，就成功地起用了"时间"这一场景按钮，从而成功地走进了顾客的内心，获得了顾客的认同，提升了产品销量。当大家处在早餐时间又没有明确的解决方案时，就很容易联想到营养快线这个品牌；同样的道理，大家在其他时间段看到这个品牌的时候，由于根深蒂固的按钮联想，也很容易对第二天可能存在的场景做出预测，并且做出储备性质的购买行为。

场合按钮设置：何地？何种场所？

对顾客而言，地点或场合是比较容易感知和抓取的场景按钮，所以在品牌定位时我们不妨合理假设一些地点或者场合，以此来刺激经常去这些地方或者场合的消费者进行消费。比如加多宝的"餐桌、吃火锅"、可口可乐的"炎热、酷暑"等场合按钮。联合利华旗下的凌仕效应品

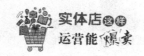

牌，在定位中便极力打造"夜场"这一场景按钮，传递凌仕是帮助男士在"夜场"展示魅力的重要工具。这样一来，凌仕就变成了喜欢泡夜场的男士眼中提升自身魅力的"好帮手"。

问题按钮设置：你遇到了什么样的新问题？

在品牌定位过程中，我们告诉顾客能解决什么问题或者更好地解决问题，对提升品牌在顾客心中的首位度是没有多大帮助的，只有解决了顾客面对的"新问题""不一样的问题"，才会最大限度地吸引顾客关注，甚至开辟出一个新市场，赢得最大份额的蛋糕。

"问题按钮"的设置至关重要，它能激发消费者的思考，甚至主动寻求答案。曾火极一时的九龙斋，正是抓住了过去人们"在意却没有得到很好地表达，或者没有得到明确解决方案"的"解油腻"问题，成了饮料行业异军突起的新力量。

方法按钮设置：怎么使用？

这是一个在品牌定位过程中经常被忽视的一个场景按钮。一个产品的使用方法如果能够被简化、有趣地设计成一个"按钮"，也可能为我们带来全新的品牌形象，让更多的顾客印象深刻，并最终记住我们的品牌，喜欢上我们的品牌。

"喝前摇一摇"这句广告语不仅阐释了产品多种果肉混合的独特卖点，同时，它的"摇一摇"的"按钮"也激活了大家的使用乐趣，成为品牌传播的经典案例。

场景按钮的设置应该遵循独特性、一致性、持续性的原则，以此确保品牌独有的场景按钮能够在顾客内心中留下深刻的印象，成功占领顾客心智。这样一来，顾客在生活和工作中一旦身处目标场景，他们便会在第一时间抓取、识别这一场景，并建立起场景关联，激活场景按钮。

06. 让用户看到品牌的个性

什么是个性？有心理学家认为，个性是由各种属性整合而成的相对稳定的独特的心理模式。正所谓"蕴含于中，形之于外"，就很好地概括出了个性的内涵，说明了个性是一个人外表和内在的统一体。品牌的个性和人的个性在本质上是一样的，它可以通过品牌传播在顾客眼中赋予品牌一种心理特征，使之成为品牌的内核。

这种个性本质上是使用者个性的一种类化，是其使用者心中的情感附加值和特定的生活价值观的融合体。个性特色浓厚的品牌更易为顾客所识别和关注，更易激发相同相似个性顾客的认同感，最终获得这类顾客的好感和信任，最大限度地激发他们的购买欲望。

万宝路之所以能够在同质化严重的香烟品牌竞争中脱颖而出，秘诀就在于为品牌注入了豪迈阳刚的个性，使之在顾客眼中化身为一个牛仔形象，从而吸引了具有类似个性顾客的关注，推动了产品的销售。哈雷·戴维森摩托在两次世界大战中成为美国军用摩托，所以成了很多退伍老兵的最爱，那种张扬的外形、轰鸣的声音体现了一种激情、冒险、

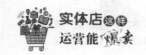

挑战传统的个性，最终这种品牌个性向社会扩散，许多年轻人也借哈雷这一品牌来表达自己自由、梦想、激情、爱国等情感和个性。虽然哈雷摩托车的售价不菲，大多超过了两万美元，比一辆普通轿车都贵，但是成千上万哈雷迷们依然无怨无悔，踊跃购买。

麦当劳已经融入了世界，成了我们头脑中西式快餐的代名词。麦当劳之所以能够取得这样的成绩，和其品牌个性有很大的关系。麦当劳的品牌个性定义为"天真者"，伴随着鲜明的黄色"M拱门"，已经承载了一种餐饮的品牌文化传播，是组成品牌传播方案的重要内容。麦当劳最初的品牌设计主要着眼于服务儿童和家庭，对顾客做出了这样的承诺：这是个好玩的地方，只要进入麦当劳的"M拱门"就意味着来到了食物、人群与欢愉的乐园。基于此，麦当劳成了全世界小朋友眼中的游乐场，也成了很多家庭聚餐的首选，"快乐美食"也就成了麦当劳的品牌个性。

海尔品牌一直是顾客眼中的"暖男"，和其提出的"服务到永远"的服务口号有很大的关系。海尔为了能够更好地服务顾客，提出了"由制造商向服务商"转变的战略，创新性地突破了传统家电服务只限于售后的局限，将服务前置到了售前、售中环节，和售后形成了全流程的服务体系。在之后的品牌建设过程中，海尔更是全员参与到这一全流程服务体系之中，最终打响了"放心购买、服务第一"的招牌。凭借全流程的服务，海尔在顾客内心中确立了一个"暖"的个性形象，但凡提到海尔家电，无论其档次与品类，总会在顾客心目中留下一种真诚面对、放心使用的温暖形象，这种源自真诚的温暖就是海尔家电品牌的个性内涵，也是其俘获众多顾客放心的"撒手锏"。

由此可见，中外企业在品牌定位过程中都注重培养品牌的个性，力图将品牌最美丽、最具侵染性的一面烙印在顾客心中。基于此，我们在进行品牌定位时也要注重品牌个性的塑造，为品牌注入一个最真最美最具感染性的个性，是我们的品牌占领顾客心智的重要保证。

也就是说，成功的品牌要让顾客看到之后首先想到其个性。在我看来，一个好的品牌个性应当包含四个方面的内容：属性、受众、利益和价值。如图 1-6 所示：

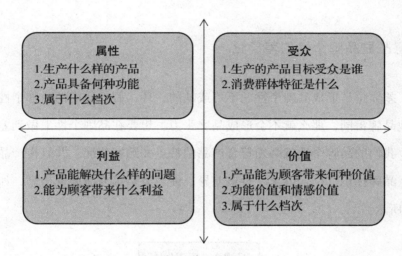

属性
1.生产什么样的产品
2.产品具备何种功能
3.属于什么档次

受众
1.生产的产品目标受众是谁
2.消费群体特征是什么

利益
1.产品能解决什么样的问题
2.能为顾客带来什么利益

价值
1.产品能为顾客带来何种价值
2.功能价值和情感价值
3.属于什么档次

图 1-6　好品牌应当包含的四个内容

那么我们具体需要从哪些方面入手为品牌塑造个性呢？

保持品牌概念和产品概念的一致性

在塑造品牌个性过程中，我们需要保持产品和品牌在概念上的一致性，使两者有机地融为一体，形成合力。假如我们的品牌概念和产品概念不一致，就会给顾客留下一种文不对题的感觉，继而对品牌的认同感

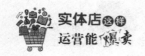

下降，对品牌个性的感知弱化。

斯沃琪集团旗下的雷达表，是高科技的象征，其卖点和推广则聚焦于高科技制表工艺和材料坚固上，诸如"表面为硬度仅次于钻石的蓝宝石水晶，紧贴手腕"、"白色表带由高科技陶瓷材料制成，坚硬耐磨，永不褪色"。这样一来，雷达表在产品和品牌概念上形成了高度统一，共同展现出了坚韧、可靠、永不磨损的个性，继而获得了顾客发自内心的好感。

注意凸显品牌个性的差异化

差异化是形成品牌个性的不可或缺的一环，假如我们的品牌个性和其他品牌雷同，那么就不会形成品牌张力。想要在品牌个性上做到差异化，我们的品牌个性就必须符合产品的特点和顾客状况，并且在产品包装、品牌标识、广告诉求、价格差异、促销策略等方面表现出来，如图1-7所示：

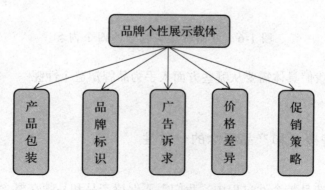

图 1-7　品牌个性展示载体

比如宝洁旗下的各个品牌洗发水就有不同的特点和个性：飘柔的特点是"柔顺"，海飞丝的特点是"去屑"，潘婷的特点是"强韧柔亮"，沙宣的特点是"时尚"。这些品牌在广告诉求、产品包装、促销策略、价格上都与其个性特点相互呼应，从而使每一个品牌都能够在顾客心中留下鲜明的印记。

保持品牌个性和顾客个性一致

品牌的个性塑造并不是凭空想象出来的，而是根据目标人群的消费心理提炼出来的，要知道顾客是有个性的，他们喜欢的品牌也要具有和他们相同或者相似的个性。也就说，和目标人群个性相同或者相似的品牌更容易吸引人们的关注，激发人们的购买欲望。

女装中的"欧莎"品牌，是众多女性眼中的梦幻品牌，给女性顾客的个性感觉是从容、优雅、浪漫而又不失时尚。它瞄准的就是都市中的年轻白领女性，他们崇尚高品质的生活，追求时尚美，但是又注重保留淑女的端庄和矜持。正是凭借着这种个性上的一致性，欧莎女装才会成为都市中年轻白领女性的最爱。

引发顾客情感上的共鸣

在塑造品牌个性的过程中，我们必须清醒地意识到，品牌并不是我们的私有财产，而是属于顾客的，它只有得到顾客的认同，在顾客心中留下烙印，才更具价值。其实品牌塑造就是一个和顾客"谈恋爱"的过程，假如顾客不喜欢，那么我们之前所做的一切工作都将成为无用功，不管我们的产品有多么优秀，我们的技术有多么的先进，或者我们的价格多么低廉。在当前这个体验经济时代，顾客崇尚个性，关注的是情感上的认同。

第二章

顾客才是中心，谁满足顾客的体验，顾客就认同谁

顾客才是中心，谁满足顾客的体验，顾客就认同谁。不论你所在的是什么行业，或是什么类型的店面，都要记住一点，你不是在卖东西，而是帮助顾客买东西；你不是在说话，而是帮助顾客去体验。任何产品都不用广告，产品体验就是最好的营销。顾客体验越好，越早买，越多买，越忠心。

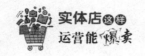
01. 不卖产品，卖需求

《红楼梦》中讲到一个"牛不吃水强按头"的典故，说的是牛口渴了自然就会低下头喝水，它要是不想喝水，人怎么强行按头也不会低下头去喝水。从中可以看出，动物也是跟着自身需求去行动的，更何况作为百灵之长的人类呢？人类的日常行动也是由需求所决定的，有什么需求自然就会做出相应的行动。所以我们想要做好实体店，首要的一点就是满足顾客的需求。

星巴克品牌留给顾客的印象不仅仅是口味香醇的咖啡，还有其几乎能够满足顾客所有需求的环境和服务。曾经担任过星巴克首席推广官的斯科特·贝德伯里在《品牌新世界》一书中写道："星巴克的核心识别与其说是生产一杯咖啡，不如说是提供一次伟大的咖啡体验。"

其实星巴克也经历过品牌定位上的迷茫，曾经因为平庸至极的定位而裹足不前。后来星巴克经过调查发现，经常喝咖啡的人在重视咖啡本身的口味之外，还有其他更在乎的需求：咖啡好的形态，周围美的环境，走心的服务，美好的回忆。为此，星巴克决定不将单纯地提高质量作为自己的品牌优势，而是确立一种不受连锁、不受经营者变化影响的新的品牌优势。星巴克为此将目光锁定在悠久的咖啡文化上，从营造"让顾客玩味这种充满感情的饮料"的周围环境开始，为顾客提供独特的咖啡体验。

针对顾客想要品尝口味更加纯正咖啡的需求，星巴克从选择高品质咖啡豆做起，采用最纯净的水，用最适当的温度，在最适宜的时间段内煮出一杯咖啡；针对顾客想要一个优美环境的需求，星巴克在店面装修上做了很大的文章，让顾客一走进店门就有一种内心宁静的感觉；针对顾客想要美好回忆的需求，星巴克推出了各种纪念杯和城市杯，将自己变成了"照相馆"；针对顾客想要沉浸在文化气息的需求，星巴克又营造出了浓郁的咖啡文化氛围……

总之，星巴克不像最初想象的那种"服务顾客的咖啡生意"，而是提供咖啡的以人为本的需求生意——不管是物质上的需求还是精神上的需求，顾客都能在这里得到满足。

在我看来，品牌的最终目的其实就是为顾客服务，所以实体店在品牌定位时，明确自己的目标人群是一个最基本的要求。只要明确了自身的目标人群，我们才能更清晰地了解提炼他们的需求，继而有针对性地满足他们的需求。

一般而言，我们可以按照性别、年龄、职业、收入水平、个性喜好、文化背景等对潜在顾客进行细分，然后再结合我们自身产品的特点、战略规划等，选择一类契合度最高的人作为目标人群。这样一来我们就可以有针对性地进行需求分析和营销推广，从而快速地占领目标人群的心智。如图 2-1 所示：

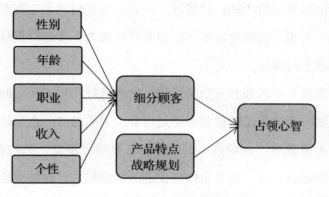

图 2-1　细分顾客，占领心智

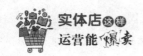
那么实体店如何向顾客兜售需求呢?

满足需求

兜售需求的最直接表现就是满足顾客的需求,假如我们能够很好地为顾客提供各种解决方案,帮助顾客更好地获得价值,那么我们就能快速地获得顾客的好感和认可。满足需求主要表现在两个方面(如图2-2所示):一方面为满足顾客的物质需求,通过向顾客提供商品来实现;另一方面为满足客户的心理或精神需求。正如美国 IBM 公司前营销副总裁巴克·罗杰斯所言:生意成交的秘密在于了解客户的困难,然后帮助他们找到解决的办法,使得他们获得价值并对这笔交易感到满足。

图 2-2　满足顾客需求的两个表现

很多实体店在满足顾客的需求时,总是将重点锁定在满足顾客物质需求上,向顾客兜售产品,却忽视了顾客心理和精神上的需求。在我看来,这是一个很大的败笔,实体店想要做好做大,就必须重视顾客心理和精神需求上的满足。

在我家楼下不远处有一个菜市场,里面有好几列卖蔬菜的摊位,而市场深处的一个摊位虽然位置并不是很好,但生意却一直是最好的,一年四季,春夏秋冬,摊位前买菜的顾客总是络绎不绝。最初我很疑惑,这个摊位生意这么好,难道是价格比别的摊位便宜?仔细对比后,我否定了这个猜测,他家的蔬菜和别的摊位是一样的。是进货的质量比别家的好？对比了一下，感觉质量都差不多，都是从一个蔬菜批发市场进货的；是有搭送赠品的服务？也没有，完全是小本经营，一手交钱一手交货。

去那里买了几次菜，我发现了老板经营的秘诀：不管是谁，购买什么蔬菜，称重之后老板都会将整数后的"小尾巴"去掉，少收几毛钱。比如顾客选好了土豆，往电子秤上一放，显示 6.30 元，老板会说："6.30 元，收您 6 元。"少收几毛钱看似微不足道，但是却满足了顾客省钱的心理，要知道人人都存在着贪小便宜的心理，这里竟然少收钱，虽然只是少收了几毛钱，但是大家还是感觉自己占了大便宜，内心自然会惊喜万分。用几毛钱就俘获了顾客的"芳心"，先抢市场，后讲利润，在"予取先予"的过程中，这位老板满足了顾客的心理需求，着实是一个聪明的生意人。另外，少收几毛钱本身还传递了一种善意，一种尊重，这种感受会坚定顾客持续前去消费的决心，从而将更多的人发展成了老客户。

引导需求

虽然直接满足顾客的需求是实体店实现营销目的的直接而有效的手段，但是假如我们仅仅停留在满足顾客现有的需求层面上的话，想要借此将实体店做好做大，还是远远不够的。在我看来，顾客是我们经营的重心所在，我们除了要满足顾客提出的需求，还应该要引领顾客的消费方向，营造消费潮流。

正如史蒂夫·乔布斯所言："糟糕的企业对顾客的需求不知不觉，无法满足顾客的需求；平庸的企业对顾客的需求后知后觉，局限于满足顾客的需求；卓越的企业对顾客的需求先知先觉，始终引领顾客需求。"

也就是说，我们除了要满足顾客表现出来的需求，还需要深入市场，洞察顾客的潜在需求，开发出相应的产品和服务，引领一种消费潮流，才更易于引发顾客的关注和认同。顾客需求分类可见图2-3：

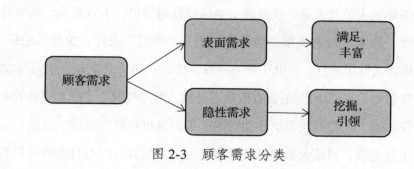

图 2-3　顾客需求分类

创造需求

随着社会经济的飞速发展，人们的生活水平也不断提升，在需求上也越来越追求"新鲜"。这就要求我们不断地做出相应的突破，创造出新的消费热点、新的需求，才能最大限度地获得顾客的关注，占领顾客心智。

斯莱沃斯基提出了成功创造需求的六大关键：魔力、麻烦、背景因素、激发力、45度精进曲线和去平均化。

魔力：创造顾客无法割舍的情感共鸣；

麻烦：解决顾客没开口告诉我们的困惑；

背景因素：看似无关的因素在很多时候会左右产品成败；

激发力：让"潜在"需求变成实实在在的需求；

45度精进曲线：依靠缓慢改进前进就等于认同平庸；

去平均化：一次增加一类顾客。

当年索尼创始人井深抱着索尼生产出来的便携式立体声盒式录音机，前往盛田昭夫的房间，向他抱怨手中的这种产品听起音乐来太不方便、太"笨重"时，盛田昭夫脑中灵光一闪，立即意识到这种抱怨意味着一种强烈的需求，进行深入挖掘、创新的话，就能开辟出一种新的需求，占领市场先机。后来盛田昭夫组织人员研发出一种名为"Walkman"的超小型放音机，从此彻底改变了人们欣赏音乐的方式。世界上第一款便携式放音机上市之后，在一个半月的时间内，其销量便达到了5万台，索尼公司这种创造需求的新产品研发思路为公司带来了巨大的口碑红利和利润。

02. 靠免费试用赢了半个亿

从人的心理层面上而言，"免费"无疑是一种莫大的诱惑。因为在人类的内心深处，普遍存在着占便宜的心理倾向，存在着一种"不劳而获"的侥幸，存在着好奇的探索欲望……这些心理综合在一起，就使得免费成了人们生活中关注的一个焦点，往往带有"免费"二字的事物总能获得消费者的关注。

"免费试用"指的是顾客不用花费一分一毫就能享用某种产品和服务的活动。这一活动的作用主要有三（见图2-4）：第一，以免费激发顾客的参与感，提升店内人气，吸引更多的人走进店门；其二，引导顾客体验产品的功能，聚焦产品的特色，提升顾客对产品的亲近感；其三，在试用过程中店家通过服务进一步和顾客"拉关系"，交朋友，获得顾

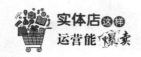

客的好感，推动顾客分享。

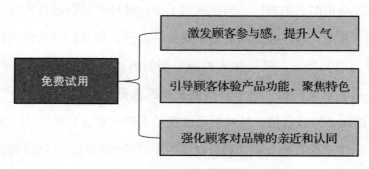

图 2-4　免费试用的作用

　　大家都有过买西瓜的经历：两个人在卖西瓜，一个卖西瓜的人在大声地吆喝："快来看，快来买，我的西瓜不甜不要钱，买回去之后吃一口不甜您也可以退给我。"另一个卖西瓜的人，他并没有夸自己的西瓜如何甜，而是将西瓜切成几块，递给我们一角，让我们先尝一下，甜的话再买。这个时候我们会选择哪一种？相信大部分人都会选择第二个，因为既能看到西瓜新鲜的样子，也能品尝到它的味道，我们对西瓜口味的体验更加深刻。

　　这两种不同的卖瓜方式，第一种比较传统，西瓜完整地摆放在那里，老板只是通过语言告诉我们他的西瓜味道很甜；第二种则邀请我们进行试吃，让我们参与其中，这时我们会从色泽、口感上真实地体验到西瓜的品质，就会让我们产生将它抱回家的意愿。

　　蒙牛最初进入深圳的时候，全市的零售门店，不管是大的百货公司还是小的超市、士多店，几乎没人购买。原因很简单，因为大家对蒙牛了解很少，人们对了解不多的商品通常会产生隔阂感，不会花钱轻易尝试。为了走出这种困境，蒙牛便从小区入手，采用免费品尝的方式邀请

市民体验。最初，很多人都抱着"不要钱，尝一尝"的心理，喝了一口，觉得这个奶和别的品牌的牛奶真不一样，味道是那么浓，那么香，那么纯。所以大家便开始掏腰包购买，开始在小的士多店、超市购买，最后去大的卖场整箱整箱地搬回家。

可以想象一下，假如蒙牛将产品摆在大卖场，每天放着广告告诉顾客，"我们来自天然牧场，我们的牛奶和别人的不一样"，那么不管蒙牛将自己的产品夸得如何香甜，如何纯真，顾客也不会清晰地感受到。而当我们通过免费品尝亲身感受之后，我们就真实地感受到了它的香甜，它的浓郁，我们就真正喜欢上了这个品牌。

生活中，我不止一次感受到"免费试用"的魅力。我们家对面开着一家电器大卖场，我经常会在吃完晚饭后去闲逛散步。有一天我闲逛的时候，一个卖音响的销售人员走了过来，邀请我过去看一下，那边正在放映一个最新上市的大片。那个大片刚开始在全国上映，我去了之后坐下来看了一会儿，倒不觉得那个大片有多么吸引我，而是它的音响听起来真是太舒服了。大片里有一个枪战场景，子弹从空气中穿过的声音、风的声音都能清晰地感受到，听起来很立体，很有感觉。我很喜欢看电影，当时我就想，假如我将这套音响买回家，周末休息的时候，坐在自己家里欣赏一部期待已久的电影，一定是一件非常惬意的事情。所以我很快便下定了决心，将那套音响买回家。

很多时候，顾客不购买我们的产品，并不是我们的产品不好，也不是顾客不需要。顾客之所以不买，在我看来主要出于两个方面的原因：第一，顾客不了解我们的产品，不了解我们的产品能够为他们带来什么好处，何种价值；第二，顾客不相信我们的产品，我们宣传自己的产品如何好，品质如何高，顾客虽然表面上不说什么，但是在心里会怀疑。

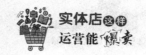
通过免费试用，我们可以让顾客亲身体验到我们的产品，体验到我们产品的核心卖点，这样一来，顾客就会对产品有更加深刻的了解，就会知道我们讲的是真实的。

基于此，我们在产品营销过程中，要善于利用"免费试用"的形式提升顾客的体验感，让顾客更加真切地感受到我们的产品品质，更直观地体验到我们产品的核心卖点。

邀请顾客亲自试用

免费试用的核心是邀请顾客亲身参与到产品的体验中来，通过免费试吃、试用、试玩等形式，让顾客零距离地接触我们的产品，更加深刻地了解产品功能和卖点。这样一来，顾客对产品品牌的好感才会提升，才更愿意购买我们的产品。

在火车上经常有人叫卖袜子，一次，坐火车的时候我也买过两双。那次我坐火车到银川，有个列车员模样的人提着一篮袜子走进车厢推销。我平时买袜子总会担心袜子的质量不好，很多袜子买回来没穿几天就脱线了，漏出一个大洞。那个推销员很有意思，把袜子拿到我面前，还有一个铁钉子，对我说这是一双"怎么穿都穿不破的袜子"。我听了觉得这话很不靠谱，袜子怎么会"怎么穿都穿不破"呢？但是接下来我就打消了这种怀疑，因为那位推销员将钉子递给我，说："不信你拿钉子划划，划破了也没关系。"我就拿着钉子去划，反正划破了也不用我负责，结果怎么划也没有划破。所以我就觉得这袜子质量不错，立即掏钱买了两双。事后想一想，这就是一种"免费试用"的营销策略，邀请我参与其中，让我自己得出"袜子质量不错"的结论，最终促成了我的

购买行为。

用免费信息制造话题

除了邀请顾客"免费试用"之外，我们还可向顾客提供免费信息，以此在顾客群体中制造热门话题。生活中，我们经常会在手机上或者邮箱中接收到一些免费信息，里面会有我们感兴趣的，也会有我们所厌恶的。但是不管喜欢也好，厌恶也罢，我们往往无力控制这些信息的到来。从顾客的角度来看，他们之前对这类信息一无所知，不知道某些产品的性能，不了解某些产品的性质和功效，顾客对这类陌生的产品，一般都不会愿意付费购买或者享受某些功能。所以，在这种情况下，免费信息就会起到一个"窗口"作用，它能够帮助我们的产品顺利地进入顾客的视野，增加顾客对产品的了解。

也就是说，为了引发顾客关注，最大限度地提高自身产品信息的传播范围，我们不妨尝试一下这种传播方式。但是在运用这种传播方式时，必须注意的一点是，现在很多人对垃圾邮件有极强的抵触情绪，甚至会因此而将商家告上法庭，要求商家进行赔偿。所以我们在运用免费信息方式制造话题时，要避免这类情况的发生，最大限度地减少对顾客的信息骚扰。

免费娱乐

现代社会人们越来越看中娱乐精神，对企业和商家而言，做好了娱乐，其实也就等于抓住了顾客的关注点，赢取了他们的心，聚集了人

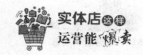

气。我们可以通过提供免费娱乐的方式广泛地吸引顾客参与其中，在愉悦顾客的前提下和他们建立起更为亲密的关系。

03. 是时候强调感官营销了

人是通过感官来认识这个世界的，东西好不好吃，味道闻起来如何，事物摸起来感觉怎样，都要通过感官上的刺激来获得。也就是说，感官是我们和外界进行信息交流的"门户"，是我们获得第一手资料的"窗口"。在感官获得信息的基础上，我们才能进行更加精准的分析判断，得出更加理性的结论。

基于此，我们在满足顾客需求的时候，首要的一点就是愉悦顾客的感官，满足顾客感官上的需求。我们可以创造一个良好的消费空间，让顾客享受到视觉上的盛宴；可以播放优美的音乐，给予顾客听觉上的美妙享受；可以邀请顾客品尝美食，利用味觉和嗅觉上的愉悦俘获顾客的芳心……做好感官营销，我们就能在第一时间获得顾客的好感，继而真正走进顾客的内心，融入顾客的生活之中。

童悦悦在一个大型社区内开了一家蔬菜店，她认为现阶段随着人们生活水平的不断提升，人们在饮食上的需求也越来越高端化、素食化，对蔬菜的需求必然也会越来越大。在这种背景下，蔬菜店大有可为，是一个非常好的创业方向。

但是理想很丰满，现实却很"骨感"，蔬菜店开业的第一个月，生意并没有想象的那么火爆，虽然店内人气还算可以，但是大家的消费热情显然并不高，进门的人不少，东看看，西瞧瞧，最终掏钱买菜的人却并不多。童悦悦百思不得其解，怎么看自己的菜店都是非常棒的：要面积有面积，装修得还不错，最主要的是店内的蔬菜品种丰富、新鲜，为什么大家都不买账呢？

在朋友的推荐下，童悦悦找到了我，请我为她提些意见。我特地到她的蔬菜店里看了下，面积真的很大，装修得也很有档次，不像一些蔬菜店那样"裸奔"，而且里面的蔬菜看起来也很新鲜。蔬菜属于人们的刚需，每天都必须消费，从哪个方面看这个店都应该火起来才是，为什么大家进店之后却只做"看客"呢？后来我仔细观察了那些进店顾客的行为，发现他们进店之后的关注还是集中在蔬菜本身，会通过眼、手、鼻来看、摸、闻，以此判断蔬菜的新鲜程度。说到底，人们还是相信自己的感官，之所以看的多买的少，主要还是因为蔬菜给他们感官上的刺激太少，不能让他们在感官上生成"这家蔬菜店里的菜超级新鲜"的直观印象。

弄明白了这一点，我和童悦悦商量解决这个问题的方法。我问："蔬菜怎么看起来才能最新鲜？"童悦悦对我的这个问题回答得很快，立即答道："我们店里的蔬菜都是当天从菜农地里采摘下来的，颜色嫩绿清脆，一看就是最新鲜的。"

"这只是你眼里的新鲜，但是顾客却不会这么看，尽管你告诉他们蔬菜是当天从菜农地里采摘的，但是听到顾客耳朵里，他们大多也会用一种怀疑的眼光看店里的蔬菜，认为你在自卖自夸。"我笑了笑，说道。

"可是我店里的蔬菜真的都是当天采摘的，我绝对不会欺骗顾客的！"听了我的话，童悦悦有些着急了。

"是啊，这就是问题所在，虽然我们做好了，但是却没能让顾客百

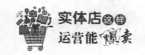
分百相信，所以大家半信半疑，看的多，买的少。"我点出了问题的关键点。

"怎么才能让顾客百分百相信呢？"童悦悦追问道。

"其实这个问题不难解决，咱们说得再好，不如让顾客亲眼所见，通过感官亲身感受到蔬菜的新鲜。解决这个问题其实并不难，只要咱们将店变成'菜园'就行了。"我说出了自己的答案。

"把店变成菜园子？"童悦悦想了想，问道，"你的意思是直接在店里种菜？"

"对，就是这个意思，什么菜最新鲜？在泥土里生长着的菜才是最新鲜的，当顾客走进店里，就犹如走进了菜园子，一定会在感官上受到极大的冲击，他们自然就会认为咱们店里的蔬菜是最新鲜的，从此变成咱们店最忠实的'粉丝'，彻底将餐桌交给咱们。"我指着一排排的蔬菜货架说道。

童悦悦点头，她觉得找到了刺激人们消费的方法——从感官上让顾客亲身感受到蔬菜的绝对新鲜。之后她便行动起来，利用一个月的时间对店里的货架进行了大改造，将货架全部做成了蔬菜培育台，整个店也摇身一变成了"新鲜菜园"。当童悦悦的蔬菜店重新开业之后，立即从感官上惊艳了顾客，让大家惊叹连连，顾客可以自己动手摘取生菜、辣椒、葱、茄子等蔬菜，享受绝对的新鲜。一时间，童悦悦的蔬菜店不仅成了社区内居民的餐桌特供菜店，也成了方圆几十个社区居民的菜篮子，一天到晚人满为患。她的菜店规模也因此一扩再扩，在市区内开了更多的店，由最初的单店发展成了知名的蔬菜连锁超市。

童悦悦的成功最关键的一点是抓住了顾客的感官，用最直观也是最有效的方法刺激顾客的视觉、触觉和嗅觉，从而最大限度地获得了顾客

的信任，最终将自己真正地融入了顾客的生活中。

可见，谁能抓住顾客的感官，谁就能获得顾客的好感和信任，继而在市场上取得主导地位。那么我们应该从何处入手抓住顾客的感官呢？

装修装出个性

有个性的装修是实体店在第一时间刺激顾客感官的有效手段，充满个性元素的装修风格能够在色彩、陈设、触感等方面给予顾客一种愉悦感，让顾客对我们的店"一见钟情"，继而爱屋及乌，更愿意到店购买我们的产品。所以我们在店内的装修上要下功夫，要尽量在色彩组合、风格、用料、陈设等方面展示出个性，最大限度地愉悦目标顾客的感官。

让顾客见证产品的诞生过程

感官营销的最佳途径就是让顾客见证产品的诞生过程，让顾客亲眼看到产品是如何设计、制造出来的。正所谓"百闻不如一见"，我们对产品的赞美可能会在顾客心中留下一种自卖自夸的印象，但是他们对自己亲眼看到的却坚信不疑。所以我们不妨在经营过程中多开放"门户"，组织顾客参观产品生产线，甚至直接在顾客眼前生产，这样会直接刺激顾客的感官，激发顾客的购买欲望。

"试用试吃"满足顾客感官享受

产品好不好，能不能满足具体的需求，顾客要试用后才能给出答

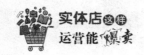

案。基于此，我们可以多在试用上做文章，邀请顾客试用试吃，在这个过程中调动起顾客的感官愉悦，继而最大限度地激发起顾客的购买欲望。

04. 卖的不仅是产品，还有社交场景

对实体店而言，面对面地销售产品给顾客是其相对于网店所掌握的一大优势，但是假如我们对这一优势理解得不透彻，仅仅将之看作"为了销售而销售"，那就大错特错了。在我看来，实体店要想最大限度地发挥这一优势，就不能将自身限定在"售卖产品"的框框中，自缚手脚。那么实体店除了售卖产品，还可以向顾客售卖什么呢？

实体店能够和顾客"面地面"，这就意味着彼此之间可以谈话题、聊感情、交朋友。也就是说，实体店除了销售产品之外，完全可以面向顾客兜售社交场景，和顾客、会员形成良好的互动关系，帮助顾客获得更顺畅的社交途径，编织更稳定、强大的社交网络，这样我们才能留住老顾客，迎来新顾客，快速地进行口碑传播，树立起自身的金字招牌。

刘海龙从太原的一家事业单位辞职之后，便回到了老家银川，在北京路人民广场附近开设了一家咖啡馆。之所以选择人民广场附近开店，刘海龙是经过详细的市场调查才做出的决定——附近的政府部门集中，事业单位和私营企业也很多，大家对轻食和休闲生活的需求一定会很大，在这个地段开一家咖啡馆是非常不错的选择。

但是开业之后，他的咖啡馆生意却一直不温不火，和最初设想的人气爆棚场面有很大的差距。刘海龙为此找了很多原因，做了不少改进，比如提升咖啡醇度、延长营业时间等，但效果却不显著。

后来他通过一个朋友找到了我，希望我够给他提一些建议，改变现状，将店内的人气提上去。之后我专门去他的咖啡店看了下，整个店的面积很大，装修也很有档次，咖啡喝起来也很香醇，比网上购买的速溶咖啡强很多。为什么这样的店却火不起来呢？后来我找到了原因——为了追求最大利用率，店内的桌椅摆放得比较密集，在空间舒适度上有待改进。

我建议他将一部分桌椅撤掉，将桌和桌的距离保持一个适当的距离，最好能够在桌子周围设置一些艺术性的围挡，营造一种私密感。刘海龙最初并不理解，问道："撤掉一些桌子，增加一些围挡，就能把店里的人气提上去？"显然他对我的建议信心不足。

我解释道："作为一家咖啡店，除了面向顾客销售咖啡之外，最主要的还是在于提供一种社交场景，为顾客营造更好的社交氛围。你仔细想一想，是不是这个道理？"

刘海亮想了想，点头说道："确实是这个道理，很多人都是边喝咖啡边谈事情、交朋友的。"

"所以啊，喝咖啡虽然重要，但是谈事情、交朋友对顾客而言也是重要的，特别是咱们店针对的是政府、企业上班的白领，对社交场景私密性要求比较高，所以我们就需要做好减法，去掉一部分桌椅，设置一些艺术性的隔断，增加咖啡店的社交功能属性。"我继续解释道。

之后刘海龙按照我们的设想，将咖啡店重新进行了布局，突出了店内的社交场景布局，力求为顾客营造一种温馨的社交氛围。这种改变起

到了立竿见影的效果，慢慢地大家来店里的次数多了，很多人有事没事都喜欢来店里坐一坐，将这里当成了一个休憩和交友的好地方。

实体店发挥自身和顾客"面地面"的优势，除了要依靠产品优势之外，还需要依靠场地上的优势，通过设置社交场景满足顾客的社交需求。这样一来，顾客才会更关注我们的店，才会"有事没事常来坐坐"，在提升人气的同时为我们创造出巨大的经济效益。

那么我们在设计社交场景需要注意哪些问题呢？

用精细化会员制度掌握顾客群体社交意向

实体店构建社交场景，首先要建立起一套高效的会员制度，对会员进行精细化管理、分类，掌握会员的社交意向。这样一来，我们在构建社交场景时才有方向、有针对性，所构建的场景才会契合会员的社交需求，见图 2-5 所示：

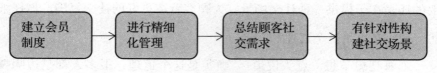

图 2-5　建立会员制度掌握顾客社交需求

线下俱乐部，为顾客留下价值

我们可以用俱乐部的形式"管理"顾客，通过具体的价值输出强化自身和顾客间的情感，打破传统的"冷漠"商客关系。俱乐部的形式是多样的，我们可以在店内特别开辟出一块空间，组织大家进行话题讨

论，也可以设置一个固定的地点，面向客户进行价值输出，开展一些诸如产品功能扩展、技能培训之类的活动。需要注意的是，俱乐部内的活动要在时间上固定，要坚持价值输出，让顾客觉得有趣，能得到好处，这样顾客才会积极参与，主动分享。

建立顾客反馈通道

我们所构建的场景化社交功能应当是动态的，而非一成不变，需要根据顾客实际需求的变化而变化，这样才能最大限度地满足顾客的社交需求，取悦顾客。这就要求我们建立顺畅的顾客反馈通道，收集顾客的具体意见，每隔一段时间有针对性地改变一下社交场景的风格，在给予顾客新鲜感的同时满足顾客不断变化的社交需求。

和顾客交朋友，打破传统的商客关系

对实体店而言，所提供的社交场景不仅仅是服务于顾客和顾客之间，还需要将之应用到自身和顾客之间，构建更为和谐愉悦的商客关系。传统的商家和顾客之间的关系比较冷漠，往往局限于单纯的买卖关系，一手交钱一手交货后彼此就形同路人。当下，实体店和顾客应该是一种友好、有情谊的朋友关系，我们需要和顾客进行互动，主动去关心顾客，取悦顾客，培育关系。如此，顾客在做出选择的时候才会将我们放在第一位，才会主动推荐我们，同身边的人分享和我们相关的故事。

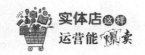

05. 你的情怀我很懂

顾客前往实体店消费，除了购买商品之外，在内心中还渴求一种情怀上的收获，追求一种精神上的洗礼和升华。所以我们在实体店经营过程中，要抓住顾客的心态和情怀，用目标顾客群体所钟情的情怀营造一种个性化的消费环境，用情怀来牵动顾客的心，将自身品牌形象深深地烙印在顾客大脑深处。

很多人对情怀印象朦胧，搞不清楚情怀到底是什么。其实在我看来，情怀是无所不在的存在，它可以是一杯清茶，可以是一个故事，也可以是一首老歌，一本散发着岁月气息的书……只要是顾客想要的，我们就应该想法将之实现，让顾客"梦想成真"。

回力牌球鞋、海魂衫、梅花牌运动衣、发条玩具、五角星、上海牌小蜡笔……这些耳熟能详的物件，是许多"70后"和"80后"深藏在脑海中的童年记忆。"80后"店主王琳琳大学毕业之后便在南京市开了一家"怀旧"主题的杂货店，在装修的时候将这些满是怀旧气息的物品巧妙地融入进去，使得店铺的装饰风格充满了回忆怀旧的气息。她的杂货店开业后不久便成了周边小区居民眼中的明星，对"70后"和"80后"群体特别具有杀伤力。经过近十年的发展，王琳琳已经在南京市内开设了三家"怀旧"系列杂货店，每家店都成了很多"70后""80后"顾客的购物首选，甚至有很多外地来南京旅游的游客慕名专程进店体验。王琳琳说，"70后""80后"儿时的玩耍记忆就是伴着回力牌球鞋、海魂衫、发条玩具、五角星之类的物件而生，难以忘却，而且穿越到现在也很"潮"，穿戴在身上会让人变得与众不同，个性十足，总能让许多顾客发出尖叫。

为了能够收集到这些充满怀旧气息的商品，王琳琳在经营店铺之余每个月都会在全国"考察"，寻找20世纪70年代、80年代的代表性物品，她的目光不仅仅聚焦于那个年代的玩具，还特别关注当年的学习用具和生活用品等。王琳琳说，这些物品的时代烙印很浓，是种慢悠悠的情怀，很有历史感。陈设在店铺内，既是商品，也是艺术品，更是人们的情感触发媒介，能够触发进店顾客的童年往事，引发他们对儿时美好时光的回忆。如此，店铺给予他们的必然是甜蜜、愉悦，是满满当当的回忆和收获。

在我看来，"怀旧"是顾客的一种刚需体验，立足于顾客的这种体验，有针对性地去满足，是一种非常智慧的实体店经营策略。具备"怀旧"特色的饮吧、电影院、杂货店之类的实体店，往往能够吸引崇尚娱乐消费的年轻人关注；"怀旧"主题的玩具店，让玩玩具不再是孩子们的专利……有人统计，大多数怀旧物品的价格已超出当年的几十倍甚至更多，但仍然不乏购买者。怀念那曾经令人魂牵梦萦的美好时光，是消费者不惜花钱购买"回忆"的主要原因，满足了这一需求，我们的店才能越来越好。

那么我们应该从哪些方面入手渲染好情怀，成为顾客的知己呢？

年轻的态度

在我看来，年轻的态度是一种最具感染力的情怀，是我们经营实体店的情操源泉。人人都喜欢年轻时代，渴望一生都年轻，保持年轻的活力、年轻的理想、年轻的勇气、年轻的执着、年轻的潇洒……所以在情

怀渲染上,我们需要突出年轻这一"大众化"情怀,努力营造一种年轻氛围,渲染一种年轻情怀,那么就更容易引发顾客群体的共鸣,继而对我们生出好感,更认同我们的商品和品牌。年轻的态度可见图2-6:

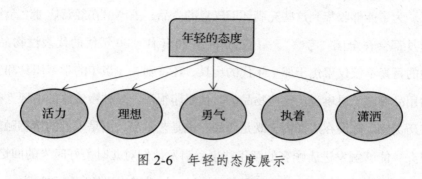

图 2-6　年轻的态度展示

梦想的翅膀

人人都有梦想,都对自己的生活和工作抱有某种憧憬,人们善于梦想,亲近梦想。基于此,当我们在经营过程中引入梦想元素,将自身和顾客的梦想挂钩之后,就更容易亲近顾客,获得顾客的好感和信任。我们在经营过程中可以通过梦想主题活动以及梦想营销等方式来亲近顾客的梦想,拉近我们同顾客梦想的距离。

自由表达的购物情怀

人类对自由的渴求可以说是融到血液中的,人们不能缺少自由。现阶段,社会发展迅猛,人们的生活和工作节奏非常快,身上背负的压力也变得越来越大。在这种背景下,人们对自由的渴求就变得越来越强烈。当我们在经营过程中引入自由元素时，顾客也就更愿意亲近我们。我们可以在店内装修上融入自由的色彩和陈设，让顾客在走进店门后就能感受到心灵上的解放；可以为店内产品注入自由意蕴，让顾客看到后就获得精神上的解放；可以为品牌注入自由气息，让顾客从品牌中汲取自由意志；放任顾客，将选择权交给他们，不盯梢，不催促，营造一种自由的购物环境……购物的自由情怀的内涵如图2-7：

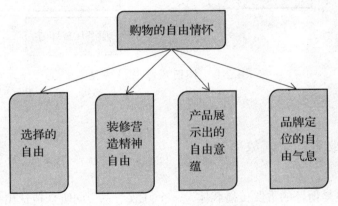

图 2-7　购物自由情怀的内涵

怀旧永远是实体店亲近顾客的最佳情怀

在人们内心深处，总会保留着对逝去岁月的怀念，在闲暇时"反刍"一下，收获满满的愉悦。针对人们的这种怀旧情怀，近几年来，回力球鞋重登市场，"国民床单"微博走红，"李雷韩梅梅"大受关注……各种打着"怀旧"招牌的衣、帽、衫走俏，各种贴着"青春"和"校园"的电影大卖……

我们在经营过程中要顺应人们的这种怀旧心理，从店面装修、商品

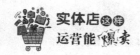

选择、服务衣着和问候方式等方面入手，在店内营造怀旧情怀，感染进店的顾客，唤醒顾客对过往时代和逝去时光的感怀，继而影响顾客的购买决策。怀旧风格营造方法如图 2-8：

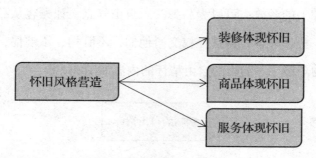

图 2-8　怀旧风格营造方法

加入创业者的个人故事

故事是情怀的重要传播载体，一个好故事总会向听众传达出一种铭记于心的情怀。所以在经营过程中，我们可以以故事为载体，向顾客传达他们喜欢的某种情怀。我们可以从自身创业过程入手，将个人或者员工的经历编成故事，向顾客传达一种顽强创业、不屈不挠的情怀，以我们的经历去感染顾客，影响顾客，最终在顾客心目中树立起良好的品牌效应。

06. 一站式营销解决体验闭环

实体店想要抓住顾客，营造出更好的体验感，获得更高的人气和利润，就需要发挥出自身应有的优势。现阶段，电商为了提升自身在顾客心中的满意度，普遍开启"有求必应"模式，最大限度地满足顾客的合理要求，基于此，实体店也应有所举措，解决顾客体验闭环，最大限度地提升顾客的消费满意度。

那么如何才能解决顾客体验闭环，最大限度地提升他们的满意度呢？一站式营销是很好的方法和途径，能够让顾客随时随地享受到实体店的产品和服务。只有实现一站式的精致周到的服务，我们才能吸引更多线下顾客走进店内，让更多的线上顾客关注线下，享受我们面地面的服务。

皇甫文若经营着一家洗浴用品超市，最初面对电商的激烈竞争，周围很多同行都一个劲儿地抱怨赚不到钱，他们经常说的一句话就是："现在生意难做啊，今年赚的这点钱连房租都不够！"

一开始，皇甫文若也曾经抱怨过，电商的竞争压得实体店喘不过气来，大家都被网上相对便宜的洗浴产品吸引到线上去了，他的店一时间门可罗雀，销售业绩直线下降。但是经过冷静思考，他觉得电商虽然在价格上有优势，但是其虚拟性却是一大缺陷，不真实就很容易让大家怀疑，和大家距离远，服务上就不能面面俱到，提供贴心、快捷、高效的服务。而这方面正是实体店的长处，假如自己能够充分利用实体店这一优势，将服务做到极致，那么顾客在极致体验的诱惑下还是会选择进店的。特别是洗浴用品，诸如热水器、花洒之类的商品在安装上都比较专业，离开专业的安装人员，顾客自己没法解决，假如能够完美地解决顾客的这一消费痛点，就能紧紧地抓住顾客，将他们吸引到店里。

想通了这一点，他便行动起来，在之后的经营过程中将顾客当成真正的"上帝"，为顾客提供"一站式"服务。从顾客进店的那一刻起，皇甫文若便行动起来，为其详细介绍产品功能，邀请他们体验产品性

能。顾客下单之后，皇甫文若会当面进行产品包装，立即指派员工将商品送到顾客家中，安装到位，所有的工作承诺在 12 小时内全部完成。

而且为了最大限度地利用实体店顾客"面对面"交易的优势，皇甫文若还提出了"无理由退换货"的服务承诺——顾客购买产品十天内可以无理由退换货。这一服务承诺彻底打消了大家消费时的安全顾虑，得以真正享受购物的自由和惬意氛围。

就这样，"一站式"服务推出两个月之后，皇甫文若店内的人气高了，销售收入也有了很大的增长，成功实现了逆袭。

在我看来，皇甫文若的洗浴用品店之所以能够起死回生，最关键的一点是解决了顾客体验的闭环，用一站式服务将顾客所有的需求"打包"，真正做到了全方位满足顾客，解放顾客。如此一来，顾客只要下单，之后的事情自然完全由商家解决，这种体验上的极致"自由"是任何顾客都不忍心拒绝的消费欢愉。

那么对实体店而言，应该从哪些方面入手做好一站式营销呢？

即买即送即装

一站式营销的精髓在于"即买即送即装"，顾客下单，送货上门，安装到位，一站式服务，全方位消费顾客消费过程中的各种"痛点"。需要注意的是，"即买即送即装"强调两点：首先我们的服务要能覆盖顾客的所有需求，"送"和"装"并非全部，我们需要在解决顾客最后一公里的前提下，扩展服务范围，最大限度地满足顾客提出的合理要求；其次，我们的服务要追求高效，在"快"字上做好文章。不管面向顾客提供什么样的服务，我们都需要做到立即响应，立即行动，并且向

顾客承诺在最短的时间内完成。即买即送即装的作用如图 2-9 所示：

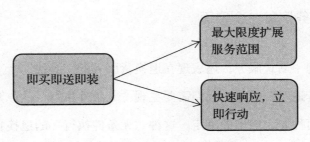

图 2-9　即买即送即装作用

享受顾客的"折腾"

做好一站式营销，提供优质服务是能够赢得顾客的基础。顾客对我们所提供的服务可能存在一些质疑，对我们服务的态度、效率、效果等可能比较挑剔，表现得比较"折腾"。这个时候我们需要耐心应对，要以全心全意服务"上帝"的心态面对顾客的"折腾"，享受这种"折腾"。因为能折腾的顾客往往才是真心实意买货的人，才是为提升我们服务质量花费时间和精力的人。所以面对顾客的折腾，我们有错时首先要承认错误，然后认真改正，提升服务水平和效率；无错时，我们更需要耐心地进行解释，让顾客自己想明白而不是"怼回去"。享受顾客的折腾可见图 2-10：

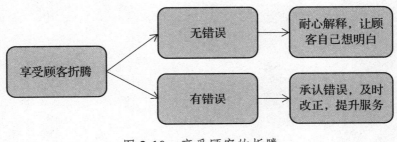

图 2-10　享受顾客的折腾

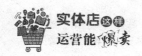
退换货服务只需一个照面

走心的一站式服务，还表现在退换货服务的"爽快"上。当顾客提出换货或者退货要求时，我们需要兑现"无条件执行"的原则，不管顾客是出于何种原因做出的决定。这种"无条件执行"的退换货原则，主要目的有二：其一，最大限度地为顾客提供一种安全感，让顾客充分掌握消费的主动权，意识到自己是真正的主人，对消费的各个环节拥有完全的控制权限。这样一来顾客的戒心就会消除，对我们的好感度和信任度自然也就会大幅度提升。其二，给予顾客一种消费自由感，让顾客能够畅想消费中的乐趣，享受购物所带来的精神愉悦感。

第三章
少一些浮躁，多一些专注，用匠心打造不可替代的产品

　　不管产品是否昂贵高级，只要是好产品，就有好市场。什么是好产品？简单地说，就是令用户尖叫的产品。在互联网时代，世界会很嘈杂，会有很多诱惑。而匠人的内心必须是安静安定的。少一些急功近利，多一些专注持久；少一些粗制滥造，多一些优品精品。用一颗匠心去打造产品，才能拥有竞争的优势，才能具有真正的不可替代性，才能永远立于不败之地。

01. 从来没有物美价廉这回事儿

电商对付实体店的一个绝招就是所谓的"物美价廉"，它们的广告宣传和营销策略都指向了这一点，希望以此彻底占领顾客心智。也正是受到这些广告和营销的影响，很多人也乐于网购，将寻找"物美价廉"的商品当成自身生活中不可或缺的一部分。假如你买回一件商品，在别人看来不仅便宜，而且质量还很好，那么你就会觉得很愉悦，感觉自己走了大运。

其实在我看来，所谓的"物美价廉"仅仅是人的一种"私欲"，是一种想要花费最小代价获得最大价值的美好期望。生活的现实告诉我们，两全其美的事情真的不多，既"物美"又"价廉"的商品其实仅仅出现在我们的幻想中。理性告诉我们，"物美"就不可能"价廉"，因为没有人愿意用最真诚的创作、最细致的制作、最周全的考量、最完美的打磨，来制造一件低价出售的商品。好的商品就应该有好的价格，好的价格才可能有好的利润，好的利润才可能有好的研发，好的研发才可能有好的商品，见图 3-1：

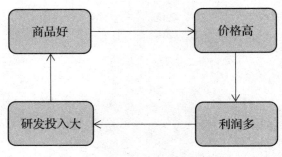

图 3-1 商品好价格也会高

那么人们常说的"物美价廉"是怎么回事呢？在我看来很多打着"物美价廉"旗号的商家，为了让产品尽可能地"价廉"，有刻意忽视"物美"的嫌疑，他们为了满足顾客"用最小代价获得最大价值"的心理，普遍采用低成本策略，在产品设计、生产、服务等环节"偷工减料"，不追求极致完美。也就说，所谓的"物美价廉"，是低成本策略的产物，低成本意味着采用低价原料、低人工成本、粗制作工艺，试想一下，这样生产出来的产品在品质上能有保障么？见图3-2：

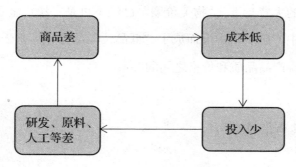

图 3-2　低成本策略造就"物美价廉"

曾经有人向一位德国厨具制造商提出这样一个问题："你们德国人造出来的锅确实很棒，可以用上100年，但是每卖出一口锅，实际上也意味着失去了一个顾客。为什么要将锅制造得那么结实呢？适当降低成本，价格会降低，锅的使用期会缩短，意味着对顾客的吸引力更大，他们购买锅的次数也会增加，这样一来不是能赚更多的钱吗？"

那位德国厨具制造商想了想，回答道："正是因为我们制造的锅好，所以那些买了我们锅的顾客都不用买第二次，这就是口碑，这样他们就会对我们的产品更有信心，会主动向身边的人推荐我们的产品，就会有更多的人购买我们的锅。我们现在一共卖出了1亿多口锅，这个世界人

口有几十亿，还有巨大的市场在等着我们开拓呢！"

这位德国厨具制造商的思维很有趣，他秉持的是"一笔生意在一个人身上只做一次"，所以他不认可贴着"物美价廉"标签的产品。在德国，没有哪一家企业是一夜暴富的，他们往往是专注于某一行业的"小公司"和"慢公司"，所追求的是产品品质上的"高大上"，而不是低成本策略下的"一般般"产品。

所以我们需要摆正产品制造和营销方向，特别是在当前人们生活水平不断提升的大背景下，"物美价廉"已经不再是一块"金字招牌"，在日益壮大的中产阶层眼中反而成了"低品位"的标签。基于此，我们应该正确地看待产品品质和价格之间的关系。

人类需求具有层次性

产品的制造归根结底是为了满足人们的需求，而人们的需求并不是统一的，而是分层次存在的，包括低、中、高三个档次。随着社会发展和人们物质生活水平的不断提升，现阶段人们的消费需求相对于以往也有了很大不同。很多时候，一种产品的价格在低收入群体眼中可能"昂贵"，但是看在中产群体眼中，这个价格就可能"很良心"（见图3-3）。所以我们可以向不同层次的顾客提供不同价位的产品，根据顾客经济实力和需求层次的不同灵活生产和推荐产品，就可以在一定程度上实现"物美价廉"。

对我们而言，不管向顾客提供什么档次的产品，都应当满足人们对质量的基本要求，既不能因为商品"物美"而漫天要价，也不能因为"价廉"而故意制造质量低劣的商品。

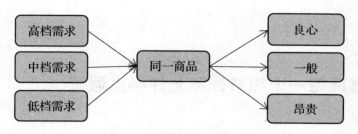

图 3-3　不同需求档次顾客对同一产品的印象不同

将"物美"放置在首位

随着人们消费能力的不断提升，消费观念也随之有了很大的变化，由之前追求"价廉"到现今强调"物美"，很多人们选择商品的首要要求就是品质要高。在绝大多数顾客眼中，品质成了一个标准问题，也是一个审美问题。基于此，我们在设计和生产产品的时候，要立足于品质，将打磨品质放在首位。在"物美"的基础上再根据商品本身的价值、市场需求、政策环境等因素制定价格。华为手机比小米手机发展得更快更迅猛，不只是华为技术上有优势，也有华为摒弃"物美价廉"这一经营思路的原因，将"物美"置于首位，然后再考虑价格因素。

衡量好价格和利润间的关系

虽然现在人们对商品的要求是"物美"为首，但是不可否认，价格依然是人们在选择商品时需要考虑的一个重要因素。这就要求我们在商品价格和利润之间找到一个平衡点，让我们制定的价格看在顾客眼中"合理"的同时，又能保证我们获得适当利润，获得能够持续投入到产品研发中的资金。

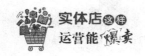

02. 雕琢每一个细节，不允许半点瑕疵

用匠心打造产品，在我看来最重要的一点就是做好产品的每一个细节，做到"动人心魄"，让产品无限接近于完美。匠心是什么？就是一个人怀着纯粹的工匠之心，看淡名和利，保持内心的平静不被外界的喧嚣所绕，将全部的精力聚焦于产品，精雕细刻，将每一处细节都做到极致，不允许有半点瑕疵存在。

在中国手机行业制造了"小米"奇迹的雷军说过这样一句话："工匠精神就是看不到的地方也要做精致。"在雷军看来，所谓工匠精神，最主要的一个表现就是做好产品的细节，在那些顾客常常忽视的"看不到的地方"做出彩。其实不管是看得到的还是看不到的，只要我们注重细节，用心去做，精雕细琢，那么我们就能做出一款让顾客尖叫的产品。

一提起海尔，很多人们首先想到的就是"大锤砸冰箱"的故事。我曾经在海尔的企业文化内刊上看到过一幅黑白照片，照片上一位海尔员工在挥动着大锤砸冰箱。这个事件源于海尔用户的一封来信，信中反映工厂生产的电冰箱存在质量问题。收到来信之后，张瑞敏做了一次突击检查，发现仓库中存在质量瑕疵的冰箱还有76台，这些冰箱其实没有什么大问题，都是一些小毛病，诸如冰箱门关不严、外层油漆脱落，等等。当时负责处理的干部提出了两种意见：一种是将这些存在着瑕疵的冰箱作为员工的福利，低价处理给本厂的员工；二是作为"公关武器"，处理给经常来厂检查工作的工商局、电力局、自来水公司的人，让他们能够在关键时刻为企业提供一些便利。

但张瑞敏两种意见都没采用，而是提出了一种在当时被认为"疯狂"的决定：开一个现场会，将76台电冰箱全部砸掉。他要求所有的工人都来参观，并且提出了砸冰箱的具体执行人——谁参与了这些冰箱的制作，谁就亲手将这些冰箱砸了。现场很多老工人心疼得流下了眼泪，因为那个时候工厂资金紧张得都开不出工资了，依靠四处借钱才勉强维持工厂的正常运转。

对张瑞敏砸冰箱的做法，当时海尔的上级主管部门意见很大，认为在冰箱凭票供应的时代，张瑞敏因为一点点的瑕疵就将这么多台冰箱砸了，根本就没抓住赚钱的好时机。退一步讲，即使将这些冰箱处理给关系户做个人情，也比白白砸了合算。

但是张瑞敏下定了决心，并且亲自上阵，抡起了铁锤砸毁了第一台。很多人不理解，他究竟想砸出什么？其实现在看来这个问题的答案很简单，张瑞敏想要砸出的是海尔冰箱的质量，是工人对产品细节的工匠精神。张瑞敏说："假如将这些冰箱便宜处理掉，那么就等于告诉大家可以生产这种带有缺陷的冰箱，今天是76台，明天是760台，7600台……"

正是因为这一砸，张瑞敏唤醒了员工的质量意识，将产品细节上的高标准要求融入了员工的血液中。这样一来，在之后的日子里，大家才会在产品生产过程中精雕细刻，将冰箱制作过程中的每一个细节都做到极致，生产出了真正让客户疯狂抢购的产品。

那么对我们而言，如何才能从细节着手，打造出工匠精神，让我们的产品更加耀眼呢？

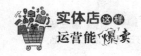
慢工出细活

正所谓"十年磨一剑",只有付出成倍的心血和精力,才能发现别人所不能发现的细微之处,并将之做到最好。然而,市场经济时代,特别是随着互联网经济的快速发展,人们的心态变得越来越浮躁,对产品的关注也越来越趋向于营销,认为产品好不好并不是最重要的,只要营销最好了,就能让顾客买单。其实不然,营销固然重要,但产品才是根本,在这个快节奏的时代,谁能慢下来,埋头钻研,不断改进,做好细节,谁往往就能凭借着产品体现出来的"精"和"巧"赢得顾客的心,最终占领顾客心智,赢得市场。就好比一坛美酒,只有经过时间的沉淀,它才能在颜色、香味、口感等细节上趋于"完美",成为真正醉人心脾的精品。细节造就精品,如图3-4所示:

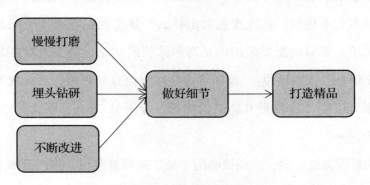

图 3-4　细节造就精品

敢于"找茬"

很多时候,我们更倾向于看到自身的优点,有意无意地回避身上存在的不足，正所谓"不识庐山真面目，只缘身在此山中"，讲的就是这个道理。而且我们对一项技能越熟悉，甚至到了别人难以企及的程度，我们就越要关注自己，分析自己的不足。因为这个时候我们的内心往往会变得更自大，自以为个人技能无人能比，开始无视别人的意见，开始顽固地坚持自己的意见，将自己囚禁在思想的牢笼里。

在我看来，独孤求败之所以无敌，最关键的一点是他敢于找自己的"茬"，敢于让别人找自己的"茬"，敢于求败！（见图 3-5 所示）所以我们在制作产品的时候也要善于自己找茬，鼓励别人找茬。要从善如流，接受别人的提示、建议、意见和批评，从中"取其精华，去其糟粕"，不断提升我们的技能，提高产品在细节上的竞争力。

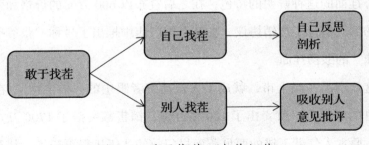

图 3-5　敢于找茬，完善细节

敢于继承

别人在产品细节设计上的经验，在产品生产上的工艺，在产品细节表现上的技巧，我们都需要去学习，去继承，（见图 3-6）特别是在这个崇尚速度、追求新鲜的时代。另外，在这个被各种高科技所包裹、被机器围绕的时代，我们还需要继承和发扬传统工艺注重细节的精神和技巧，学习传统制作技法中的精髓，使得它们能够再现于我们的产品。

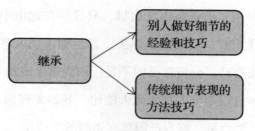

图 3-6　继承丰富细节

《舌尖上的中国2》里的张爷爷手工空心挂面就非常有特色：张家挂面本身拥有着超一千年的传承历史，纯手工制作，而且整个制作工艺非常复杂，要经过和面、揉醒、压延、拉延、挂抻、晾晒等18道工序，经历20个小时左右，才能最终成型。西贝莜面村正是看中了张爷爷手工空心挂面的这种鲜明的特色，在之后宣布以600万元的价格和张爷爷挂面的后人签订了产销协议，在其全国门店中推出了号称"张爷爷家原汁原味"的酸汤挂面。

这款产品一经上市，就成了大众消费者眼中的"稀罕物"，在短短两个月的时间里，就卖出了100多万碗，销售额突破了1700万。如此一来，原本人气就不错的西贝莜面村门前的队伍排得更长了，甚至部分门店因为没有预料到挂面如此热销，在周末和节假日出现了断货现象。

03. 比最好再好一点，工匠精神就是死磕精神

"工匠"一词在我国最早出现在战国时代，当时人们将社会组成大体分为六种：王公、士大夫、百工、商旅、农夫与妇幼。所谓"国有六职，百

工与居一焉"。百工，也就是我们现在所说的工匠。从中可以看出，工匠精神最初源于手工业，是指工匠对自己的产品精雕细琢、精益求精的精神。

对我们而言，在产品生产过程中需要秉持工匠精益求精的执着精神，从一开始就下定决心和产品品质死磕到底，一下手就要使出全部的劲儿，这样我们才能冲破重重阻碍，创造出让顾客尖叫的产品。

面积仅约 4.1 万平方公里的一个山地小国，几无矿产资源，却成为全球最富有的国家之一，瑞士人拥有哪门子独门绝技？答案很简单：死磕精神。瑞士生产的世界上最精密的仪器钟表，成为死磕精神最现实的写照。仅仅 40 余年，通过智慧与"死磕"，瑞士人打开了一条通往世界的大门。

20 世纪 70 年代，同样以固执死磕著称的日本人发明了石英手表，它以超级廉价和轻便的优势，对传统的机械表构成致命的打击。在短短六七年里，瑞士钟表产量在全球的比例从 45% 陡降到 15%。不过，瑞士人并不气馁，经过二十年的转型，瑞士表逐渐走出低谷，并且迎来了繁荣时代，这与瑞士人不懈的死磕产品品质精神是分不开的。

他们的工匠精神体现在机械表上，就是比最好再好一点，死磕世界上最好的品质表，死磕每一道工艺，死磕创新。瑞士人把机械表的功能升级创新，并研发出诸多极其复杂的工艺，可以说把精密机械发展到极致，一个钟表，据说流程高达上万个工序。除此之外，瑞士人还潜心研究材质，在腕表材质上匠心独运，耗费巨大的时间和精力，无论是新陶瓷还是各种各样新金属，都被瑞士人运用到钟表上，让腕表精准、美观、大方，仿佛工艺品。

瑞士的表行里，一个制表大工坊内往往分工明确，有负责基础零件制造的部门，有负责零件打磨抛光的，有机芯组装，还有最后的测试等，每个人都各司其职并把手上的工作做到极致。曾听闻一名制表师花了整整一年的时间来组装一枚极为复杂的腕表，死磕每一道工序，不达完美绝不放弃。

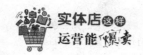

瑞士人正是凭着死磕到底的这种精神，让瑞士表独步天下，这就是真正的"匠心"所换来的巨大成就。

那么对我们而言，在实体店经营中应该具体从哪些方面去践行死磕精神呢？

死磕自己，品质没有终点

死磕精神最重要的一个表现就是死磕自己，精益求精，品质没有终点。很多人在制造产品的时候总会"差不多"，觉得自己差不多做到最好了，但实际上却始终和完美存在着一定的距离。死磕自己，精益求精，不放过每一个能使产品更完美的细节，不敷衍每一道能使产品更具品质的工序，我们的产品才能最大限度地缩短和完美之间的距离，才会创造出让顾客惊叹的奇迹。

数寄屋桥次郎举世闻名，许多来自世界各地的饕客慕名而来，只为品尝"寿司第一人"超过五十年的寿司功夫。这家店从外观看来朴素无比，甚至有点寒碜，木栅栏后只有十个座位，尽管他们的餐厅只有十个座位，厕所甚至在外面，尽管需提前一个月订位，一餐15分钟，人均消费数百美元（最低消费三万日币），吃过的人还是会感叹，这是"值得一生等待的寿司"。

老板小野二郎，严谨、自律、精准、追求极致，死磕自己，坚信寿司品质没有终点。他永远以最高标准要求自己和学徒，观察客人的用餐状况微调寿司，确保客人享受到终极美味。他甚至为了保护创造寿司的双手，不工作时永远戴着手套，连睡觉也不懈怠。他从最好的鱼贩子那里买鱼，从最好的虾贩子那里买虾，从最好的米贩子那里买米。从醋米的温度，到腌鱼的时间长短，再到按摩章鱼的力度，都不断地进行改进，力求比最好再好一点。

用"笨功夫"练就"真本事"

胡适曾经说过这么一句话："这个世界上聪明人太多，肯下笨功夫的人太少，所以，成功的人只是少数。"这句话很精辟地为我们阐释了成功的一个重要条件——必须善于用"笨功夫"练就"真本事"。

那么什么是笨功夫呢？我们可以从两个方面理解笨功夫（见图3-7）：第一，不断练习，熟能生巧。死磕的一个重要体现就是不断地练习，将某一技能练到极致，变成"绝活"，从而达到一种别人不可企及的高度。这样我们做出来的产品品质自然也更高端，更容易让顾客惊艳。第二，持之以恒，坚持不懈。假如我们做事情只有三分钟热度，那么即使我们有绝技在身，最终做出来的产品也不会是精品。只有不断地死磕自己，坚持不懈地打磨产品，我们才具备创造奇迹的可能。

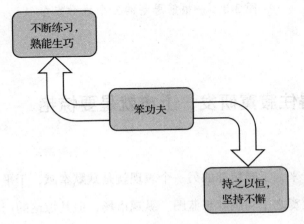

图 3-7　笨功夫的两个内涵

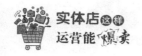

"一根筋"思想

死磕精神还要求我们在必要的时候"一根筋",一条路走到底,一个目标坚持到底。在产品设计、生产、销售、服务等环节做到"一根筋",死磕品质,做到比最好再好一点点,那么我们就能创造奇迹。

"一根筋"思想需要我们从以下三个方面做起(见图3-8):第一,咬定目标不放的简单;第二,一条路走到底的坚定;第三,将事情做到极致的认真。

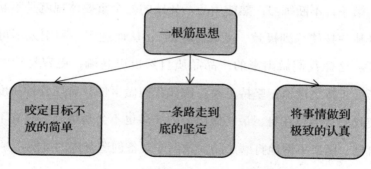

图3-8　一根筋思想的三个践行方向

04. 耐得住寂寞研发,上市就是要惊艳

在我看来,工匠精神的另一个表现就是默默奉献,于平凡之中钻研创新,于寂寞之中勾画梦想蓝图。纵观市场,但凡惊艳的产品在问世之前一定会存在一段"沉默期",但经历了黎明前的沉默,一露面便会在

舞台上星光闪烁，惊艳全场。

耐得住寂寞，我们需要静下心来，把自己安放在无人瞥见的角落里静静地等待着，专注思考我们要做的事情，解决和我们产品有关的一切问题。华为曾经做过一个几乎没有任何设计的广告，内容很简单，只有一句话："华为坚持什么精神？就是真心向李小文学习。"广告的配图是李小文脚穿一双布鞋在讲课。为什么华为要向李小文学习呢？华为解释到：李小文从来都不惧怕外国权威，敢于和同行竞争。李小文身上那点纯粹，正是大多数人所不具备的。对于科学家而言，纯粹是牛顿头上的苹果。日之所思，梦之所索，都是自己上下所求索的问题。这正是华为要认真向李小文学习的原因。华为学习的正是李小文身上表现出来的耐得住寂寞研发的工匠精神，也正是在这种精神的激励和指导下，华为产品才会攻城夺寨，获得顾客的"真爱"。

众所周知，德国制造一直是工匠精神的代名词。在一次记者招待会上，有记者向西门子掌门人冯·西门子提出了这样一个问题：为什么只有8000万人的德国，竟然可以有2300个世界名牌？西门子掌门人是这样回答的，他说："靠的是德国人的工作态度，对每个生产技术细节的重视，我们德国员工承担着生产一流产品的义务。"那位记者之后又追问到：企业的最终目标不是追求最大的利润么？冯·西门子说："我们德国人有自己的经济学：第一，生产过程的和谐与安全；第二，高科技产品的实用性。"

一直以来，人们对国货没有什么自信，所以出现了赴日本抢购电饭煲的新闻。有一个人对这种现象非常痛心，下定决心改变这种状况。为了研究出更加适合我国不同环境、不同米饭的烹饪要求的电饭煲，他默默探索，在美的一干就是12年。在开发美帝的鼎釜IH智能电饭煲时，

为了能够让产品煲出最香醇的米饭，他反反复复地进行测试和验证，在两年的时间里煮完了半吨大米，相当于一个四口之家八年的饭量。为了测试内锅的涂层，他在实验室煮了上千锅米饭，一台电饭煲样品至少煮1000锅。多年的煮饭经验使得他练就了"闻香绝技"——一锅饭是好还是坏，需要优化产品的哪项参数，他用鼻子一闻就知道。这个人就是美的生活电器的黄兵，人称"煮饭哥"。

在很多人眼中，煮饭是一件非常容易的事情：淘米下锅，打开电源，一切就搞定了。但是黄兵却在这一件简单的事情上耗费了十几年光阴，就为了让煮出来的米饭更加美味、香甜。黄兵的默默研发，使得他成功突破了电饭煲领域的气流控制技术、内胆加热双段 IH 技术等难题，研究出的鼎釜 IH 电饭煲达到了全球领先水平，使得产品一上市就惊艳了顾客，获得了一致称赞。

由此可见，想要产品在第一时间获得顾客的青睐，成为市场的宠儿，前期的研发投入是必不可少的。默默无闻，聚焦于产品的各个环节，力求掌握科技制高点，站在行业巅峰，我们做出来的产品才会"独孤求败"，才会在第一时间惊艳顾客。

专注产品研发制造

在产品研发和生产环节，我们需要专注专注再专注，对一件事情，为了做得更好，可以忘记时间去钻研，去投入。正所谓"万事皆不难，只要肯钻研"，只要我们能够静下心来专注于我们手中的事情，进行研发，不断测试，完善改进，那么我们就能做出好的产品。特别是在当前机械化、智能化不断发展进步的大背景下，在各种信息以各种方式，无时无刻不在吸引我们注意力的今天，专注似乎变得更加困难，同时也变得更为稀缺。专注的三个方向如图 3-9 所示：

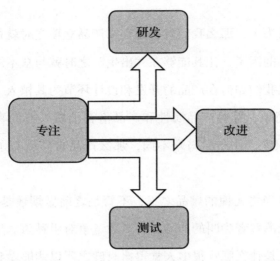

图 3-9　专注的三个方向

勇于创新

平静并不意味着平庸，因循守旧、抱残守缺，只会让我们故步自封，作茧自缚。满足于现状，满足于过去所获得的成就，只会让我们裹足不前，失去前进的动力，丧失发展的前景，最终必然会被市场淘汰。凤凰冰箱、黄山电视机等过去的老品牌现在已经难觅其踪，而同样老牌子的百雀羚却能够华丽变身，成为"国礼"走出国门，走向世界，这其中的原委就在于是否默默创新。所以我们要在研发的过程中勇于创新，敢于破旧立新、弃旧图新、与时俱进，只有抓住了"创新"这把钥匙，我们才能打开顾客的心门，博得顾客的爱意。

为产品注入辨识度，让其与众不同

既然产品为王，那么我们就有必要在产品立项之时就行动起来，为产品植入爆品的因子，让其能够在"出生"之时就与众不同，获得顾客的厚爱。那么我们如何在产品的开发和设计环节为其植入"特色"呢？其实答案很简单，针对产品属性和产品潜在消费人群的喜好，为产品注入一种辨识度，让产品与众不同，那么产品自然就有了成为爆品的基因。

褚时健是当之无愧的爆品之王，不管是之前做烟还是后来卖橙子，都能够拿出让消费者尖叫的产品，将无数竞争对手秒杀。那么褚时健的成功秘籍到底是什么呢？很多人觉得褚时健之所以能够做到这一点，靠的是自身的传奇故事，这种说法其实是非常片面的，褚时健的成功，重点还是在于其工匠精神打磨出来的充满辨识度的产品。

褚时健非常重视产品，在产品研发之初就考虑到了营销因素，认为只有品牌和有特色的农产品才有成为爆品的可能。褚时健觉得市场上并不缺少农产品，只有让自己的橙子具备了辨识度，成为市场上的唯一，才能最终火爆起来。那么农产品如何做好辨识度呢？褚时健认为，农产品的辨识度不仅是外包装上的与众不同，而且还应具有让消费者咬了一口就能够辨别出来的口味。于是褚时健便决心为自己的橙子植入辨识度基因，为此在果树培育上下了很大的功夫——他改良了土壤的品质，发明了适合果树生长的混合农家肥，不断地研究橙子的口感差异。

经过不断地研究，褚时健最终发现影响橙子辨识度的关键因素——酸甜度，最终找到了果树酸甜度不佳的原因——果树结构不佳，枝条过密。于是褚时健便开始了大规模地砍树和剪枝，最终让自己的橙子获得了最佳的酸甜度。

由此可见，在产品孕育环节植入爆品基因，让产品具备鲜明的辨识度，那么产品才能与众不同，引爆人气，获得顾客的厚爱。

要有梦想

对我们而言，梦想是要有的，我们想要做出一种什么样的产品，想要获得一种什么样的成绩，这些梦想将直接决定我们行动的高度和方向，决定我们之后投入的强度。所以我们要对自身产品有一个素描，有一个期望，之后默默投入，集中资源进行研发，才能保证我们的产品为顾客所青睐。

要有舍有得

耐得住寂寞搞研发，并不是胡子眉毛一把抓，而是要有侧重，有主次，将有限的资源集中在刀刃上，这样我们才能找到突破点，达到一鸣惊人的效果。也就是说，我们在产品研发过程中要善于抓重点，力求在某一方面做到最好，使其惊艳顾客，而不是追求面面俱到，生产出平庸无奇的产品。

切忌跟风

很多人在研发产品的时候喜欢跟风，追求所谓的热门。其实所谓的

热门是有一定的保质期的。所以很多人跟风研发的结果往往是竹篮打水一场空，花费大量时间和资源研发出来的新产品，上市之后却发现潮流已过，大家关注的焦点已经转移到别的方面上去了。所以研发的出发点应该是顾客的潜在需求和市场发展规律，而不是所谓的"热门"。

05. 快速迭代，勇于试错

工匠精神的最终目的是打磨出完美的产品，但是不可否认的是，由于设计、生产等方面的不可避免因素，我们的产品在很多时候距离最初的设想有很大的差距，并不是"最终形态"。这个时候我们就需要开启"快速迭代"模式，采用小步快跑的策略，勇于试错，通过不断改进、不断完善推出新的产品，从而让我们的产品在顾客眼中留下一个不断进化的形象。这样一来，顾客就会对我们的产品更有信心，自然也就更愿意将钱花在我们身上。

2016 年，电商巨头阿里巴巴拥有 3.6 万员工，他们为阿里巴巴创造了 427 亿人民币的利润，平均每个人创造 117 万人民币。而零售企业 7-11 日本公司则拥有 8000 多名员工，在 2016 财年人均利润达到了 116 万人民币，已经和阿里巴巴处于同一水平高度。

在当前零售行业利润整体下滑的大环境中，7-11 日本公司为什么能够逆势而起，创造出堪比阿里巴巴的人均利润呢？在日本经济面临最严重的衰退大背景下，7-11 日本公司为什么能够保持连续 41 年的增长势头呢？

7-11 日本公司之所以能够取得这样的成绩，最关键的一点在于其"快速迭代，小步快跑"的产品策略。7-11 总部推荐的商品 SKU 总数大约有 4800 种，单店销售约 2900 个，每周新品上架 100 种，商品年换手率约为 70%。2016 年，7-11 日本公司库存周转天数只有 10.1 天，一年周转 36 次，比美国最好的亚马逊还要快。

　　7-11 还敢于试错，在经营过程中善于揣摩顾客的潜在需求，在此基础上推出新产品，不断满足顾客的实际需求。"假设、实践、验证"是7-11 快速迭代的经验根基，善于推测顾客在某种场景下的需求，然后有针对性地推出相应的产品进行实践，验证这种假设，从而不断地满足客户，取悦客户。试错三阶段见图 3-10：

图 3-10　试错三阶段

　　大家都知道，冬季的北海道地区气温异常寒冷，但是让很多人惊讶的是，北海道地区的 7-11 店却在冬季准备了大量空间面向顾客贩卖冰淇淋。针对 7-11 这一反常举动，当地很多的生意人觉得很"愚蠢"，在严寒的冬季售卖冰淇淋，无异于向和尚售卖梳子。但是让这些生意人大跌眼镜的是，7-11 店内的冰淇淋竟然大受欢迎，成了北海道地区最受欢迎的商品之一。"家里暖气开得很足，如果能吃上冰淇淋，客人应该会很开心吧！"7-11 便利店北海道地区的负责人在谈到"冬季售卖冰淇淋"时说到了这样一个假设，正是基于这一假设，7-11 在北海道地区销售出去了更多的"新产品"，获得了越来越多当地居民的喜爱和认可。

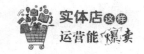

可见，快速推动产品迭代、用于试错创新，对实体店发展有着莫大的推动作用。那么我们具体从哪些方面进行产品迭代从而俘获顾客芳心呢？

产品功能进行升级迭代

推动产品进行迭代，一个最主要的着力点是产品功能上的优化和进化。也就是说，我们可以采用微创新的方式，针对产品的核心功能进行持续创新，采用"小步快跑"式的产品研发策略，每隔一段时间就推出一款产品。这样我们的产品在顾客眼中才会变得越来越完美，在功能上才更有吸引力。

产品品牌进行升级迭代

除了针对产品功能进行快速迭代吸引顾客之外，我们还可以对品牌进行升级迭代，用更靓丽更符合顾客口味的品牌取悦顾客，赢得顾客的信赖。我们可以从品牌的内涵、使命、品质等方面入手，针对顾客的具体需求进行有针对性的升级，从而让我们的品牌更适合顾客不断变化的消费需求。

产品种类进行升级迭代

假如我们自身不生产具体的产品，那么我们在经营过程中不妨对产品的种类进行快速迭代，用市场上出现的最新品牌来迎合消费者对"新"和"奇"的探索欲望。在保证店内产品种类总体不变的前提下，我们可以针对顾客的需求变化每隔一段时间就改变一下店内产品的种类，给予顾客一种"商品常新"的感觉，刺激顾客的消费欲望。

06. 包装也是产品竞争力

产品固然重要，但是缺少包装这枚"绿叶"衬托的话，再成功的产品也称不上完美。在我看来，好的包装就是产品的"脸面"，是能够在视觉上让顾客产生记忆形象的载体，做好了包装，产品才有可能在顾客心中留下不可磨灭的印象。正所谓"人靠衣装"，从某种意义上看，产品也依靠包装变靓变美。

包装之于产品不仅仅是颜面，还是产品文化的一种延伸，产品包装是一种强有力的营销手段，在品牌战略中占有重要的地位。统计数据显示，在美国销售前 20 名的超市中，最畅销的商品都是那些包装最吸引人、最优秀的产品。面对琳琅满目的商品，决定顾客购买的因素有两种（见图 3-11）：一是过去的购买习惯和经验；二是视觉，当顾客无法判断产品的优劣时，视觉成了决定购买的主要因素。

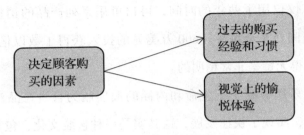

图 3-11　决定顾客购买因素

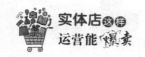

19世纪末，在美国有一位从事玻璃制作的年轻人思维很活跃，富有创新精神。一天，他和女友约会，两个人一起"轧马路"，走在后面的他发现女友当天穿的一件筒形连衣裙非常漂亮，将女友的臀部曲线完美地勾勒出来，让女友纤细的腰部和腿部看上去更加动人。

约会结束后，年轻人回想自己穿着筒形连衣裙的女友展示出来的那种惊艳感，便萌发了根据女友身材设计一个玻璃瓶的想法。之后经过反反复复地修改，数易其稿，最终设计出来的玻璃瓶展示除了动人心魄的美感，远远看过去，它就像一位亭亭玉立的少女。年轻人还将玻璃瓶的容量进行了完美的"设计"，使之正好可以装满一杯水，并申请了专利。

瓶子做出来后，大家都纷纷称赞，认为瓶子不仅外形上看起来美观，令人心情舒畅，而且还非常实用，解决了之前玻璃瓶拿在手里比较滑容易脱手的问题。瓶子中下部有扭纹，就像女人穿的条纹裙，中部丰硕，就像少女丰满的臀部。没多久，可口可乐公司的决策者发现了这个玻璃瓶，主动向年轻人购买了瓶子的专利。经过多次讨价还价，最后可口可乐以600万美元买下了这个专利。

当时很多人觉得可口可乐花600万美元购买一个瓶子的专利非常傻，但事实证明可口可乐公司当时的决策是非常正确的，采用玻璃瓶的包装以后，仅仅用了两年的时间，可口可乐系列产品的销量就翻了一番，畅销美国乃至全世界。600万美元的投入获得了数以亿计的回报，这个生意做得无疑是非常精明的。

可口可乐用被赋予了生命和内涵的玻璃瓶为自身产品注入了更大的发展动力，实现了快速发展，这其实是一种包装文化，包装文化做得好，就能够快速地吸引顾客关注，快速地在顾客心中树立正面形象。特

别是在当前同质化产品越来越多的年代，谁能第一个抓住顾客的目光，吸引顾客关注，谁就能获得竞争优势。在顾客选购产品的时候，他们首先看到的是什么？顾客没有透视眼，他们在第一时间看到的一定是产品的包装。而人的第一印象往往是非常重要的，很多时候，一个良好的第一印象足以促成一次销售。

在包装上展示匠心

产品固然重要，但是作为首先呈现在顾客眼中的外包装同样也不可或缺。所以我们的匠心除了要展现在产品上之外，还需要在产品外包装上展示出来。中国人常说"表里如一"，讲的就是外在和内里的统一。所以，做产品还需要在外包装上投入匠心，做好、做精、做美。

很多顾客在第一次拆开小米手机包装盒时都很惊艳，看在眼中的第一感觉就是简约而又有很高的品质感，让人看了心里舒服。为此很多顾客拆开后不舍得丢弃盒子，将盒子作为杂物收纳盒使用。为了能够带给顾客惊艳感，小米花费了大量的资源进行设计和改进。小米专门从国外定制了高档纯木浆牛皮纸，以此保证纸盒的品质。在此基础上，包装工程师除了不断地改进制造工艺外，还对纸张进一步进行加工——揭开包装盒表层我们会发现纸张背面的折角位置事先用机器打磨出了 12 条细细的槽线，这样才能确保每一个折角都是真正的直角。一张牛皮纸的厚度只有零点几毫米，要在上面精密开槽，这种精神可谓匠心满满。除了保证纸盒的"绝对棱角"外，为了保持盒子的坚固耐用度和使用便利度，小米包装工程师还做了大量的实验，比如包装盒在制作成型后通常会略向外进行扩张，所以包装工程师将盒壁设计成向内倾斜合适角度以抵消

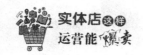

膨胀。再比如为了避免手机装进去来回晃动同时又能轻松取出，工程师将手机托盒底部边长设计得比上部减少了1毫米，形成了一个梯形。

整个设计团队历时6个月，经过30多版结构修改，上百次打样，做了一万多个样品，最终才有了小米手机包装盒令顾客惊艳的工艺和品质。

注重产品的精神包装

除了外在的包装之外，内在的精神包装对产品而言则更为重要。想要让自身产品看起来更美，更有品质，我们除了需要在产品外在包装上下功夫外，还需要给予顾客心理上的某种满足。如何让顾客在看到产品之后就在心理上产生一定的满足感呢？最简单也是最有效的一个方法就是采用留白手法，在产品外形设计上留出足够的想象空间，唤醒顾客的想象力。每一件产品都是营销员，让产品自己说话，自己推销自己，就需要给予顾客某种想象力，这其实就是一种内在的包装行为。

2016年8月，南非41岁的西拉杰·亚伯拉罕斯在其住宅外停车时，遭到两名持枪劫匪枪击，亚伯拉罕斯应声倒地。其女儿回家后发现了躺在车外的父亲，将父亲送到医院急救，幸运的是，亚伯拉罕斯没有受到严重伤害，劫匪发射的子弹没能穿透夹克胸袋里的华为P8智能手机，被卡住了。华为手机能挡住子弹，这种功能不可谓不强大，华为手机官微以此为焦点，推出了一篇《华为手机挡过的那些子弹》的文章（见图3-12），详细地介绍了华为手机在世界各地所挡住的子弹。粉丝为华为手机"挡子弹"的这种"副业"所震撼，纷纷留言，表达了自己对华为

手机的赞赏之情。如此一来，华为手机就为消费者营造了一种丰富的想象力，在消费者心中留下了印象深刻的美感。

华为手机挡过的那些子弹

2016-09-14 华为手机

2016年8月 南非
南非商人遇劫遭枪击 华为手机挡子弹救命
来源：英国《每日邮报》

现年41岁的西拉杰·亚伯拉罕斯在开普敦的住宅外停车时，两名埋伏在附近的蒙面劫匪试图将他拖出车外。亚伯拉罕斯奋力反抗，其中一名距他两米远的劫匪朝他胸膛开枪。亚伯拉罕斯随后倒地，劫匪抢走15英镑现金后逃之夭夭。

图 3-12 华为手机官微介绍华为挡过的那些子弹

第四章
网上牛人那么多，实体店的机会在哪里？在创意

实体店的未来如何发展？不是看你能否完全打败电商，那样的成本太高，没有必要，而且营销的核心在于顾客，而不是竞争对手。这就需要我们打破原来的传统营销思路，主动转型、敢于创新、不拘一格。灵活变通，学会制造风头和亮点，一定能成功突围，打开市场，赢得未来。

01. 顾客越好奇，产品越好卖

好奇心是人类的天性，每个人的大脑中都潜伏着探奇的欲望，这种欲望成为人类行为动机中最有力的一种。假如在实体店经营过程中，我们能够巧妙地利用顾客的好奇心，用创新性的服务满足顾客的喜好，吸引顾客的目光，激发顾客的探求心理，那么就能为我们的店带来人气，为我们带来滚滚财源。

在香港，一家专营胶粘剂的商店为了推广一种新型的"万能强力胶水"，将顾客吸引到店里来，便利用人们的好奇心想出了一个非常新奇的办法：他将一枚金币用"万能强力胶水"粘贴在了店内的墙壁上，对外宣称："谁能徒手将墙上的金币掰下来，金币就归谁所有。"这个消息一传出，大家的好奇心立即被调动起来了：那种胶水真的这么厉害，让店主敢于拿出一枚金币来"赔"？一时间，这间商店门庭若市，有想要将金币收入囊中的挑战者，有看热闹的观众，有大有小，有男有女。但是许多人尽管费了九牛二虎之力，最终仍然没能将那枚金币从墙上掰下来。期间还有一位自诩能够"力拔千钧"的气功大师专程来到店里，但是也没能将那枚金币从墙上"请"下来。于是"万能强力胶水"之名在香港一下子传播开来，这家商店之后的生意也火爆起来。

在意大利，有一家专门销售儿童吃、穿、用、看、玩用品的商店，店老板设定了一个听起来非常奇葩的规定：非7岁儿童不得入内，成人进店必须有7岁儿童做伴，否则谢绝入内。这条规定被店老板严格地执行，即使是当地的名人和官员也不例外。很多 7 岁儿童的家长听了有这么一家"奇葩"的店，好奇心大起，想看看这个"葫芦"里面到底卖的是什么"药"。而且家里有其他年龄孩子的父母也被这家店的规矩所吸引，谎称自家孩子是 7 岁，进店选购商品，于是这家店知名度大增，销售额也直线上升。后来这家店的老板又开设了新婚青年商店、老年人商店、孕妇商店等，都很好地利用了人们的好奇心获得了巨大的经济回报。

从上面这则故事我们能够看出，越是有趣的、新奇的、被禁止的事情，越能调动起人们的探奇欲望，也就是我们经常所说的"好奇心"。所以在实体店经营过程中，我们要善于利用人们的好奇心理进行创新，引发人们的好奇感，从而在顾客心中留下深刻的印象。当然，这种创新经营的策略是建立在我们商品质量过硬的基础之上的，假如我们的商品质量平平，那么仅仅依靠创新就想获得顾客的好感和忠诚，是根本不可能的。

我在武汉做培训时，喜欢上了当地泡芙，酥松可口的脆皮，里面灌满了滑顺冰凉的奶香内馅儿，吃起来甜而不腻，别有一番滋味。当地最有名的一家泡芙店就在我居住的公寓楼下，因为我去的次数比较多，一来二去便和老板混熟了，闲暇时便喜欢下楼到泡芙店坐一坐。

小店不到 20 平方米，进店之后首先映入眼帘的便是正对着店门的冷藏柜，里面摆放着各种口味的泡芙，除了泡芙外，店里还售卖法式马卡龙以及日式风味点心。为了保证口感正宗地道，这家泡芙店所用的原材料中有 80% 采用进口食材，刚刚开业那会儿，为了吸引顾客，聚集人气，每个泡芙定价为 4 元，基本上是成本价销售。

这家店在装修时，为了最大限度地调动顾客的好奇心，老板在招牌上做起文章来，自始至终将招牌用一块红绸蒙住，直到开业才揭开"面

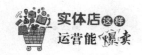

纱"。这块蒙着红绸的招牌因而成了周边小区居民和过路行人的一个关注热点，很多人都特意找到老板，问他是卖什么的。老板笑着说："因为调动起来周边居民和行人的好奇心，所以小店一开业，就引来了大批顾客，连带着附近武汉天地商圈的顾客也知道我这家小店里的泡芙好吃，纷纷前来品尝。"

老板还在泡芙陈列上别出心裁，在一些泡芙产品的货架上放了"此款已售罄"的牌子。在我和老板交谈过程中，有一位专门前来买泡芙的顾客看到"此款已售罄"的牌子后，脸上露出了失望的表情，老板连忙笑着说："您是店里的老顾客，知道咱们店里的泡芙都是当天制作的，虽然数量有限，但是绝对保证质量和口感。今天的泡芙已经卖完了，明天您可以早点来。"

"是啊，正因为好吃我才常来，明天我早点过来吧！"那位顾客说话间选购了一款日式糕点。

我从中看出了门道，店老板确定了明星产品，之后适当减少供应量。同时调整货架的摆放位置，将"明星产品"摆放在最明显的地方，还特别制作了精美的卡片来提升顾客商品已经售罄。这样一来，就会给顾客留下一种产品销售火爆的印象，进而调动起顾客的好奇心，顾客想要得到产品的意愿反而因此变得更加强烈了。紧俏激发顾客好奇心见图 4-1：

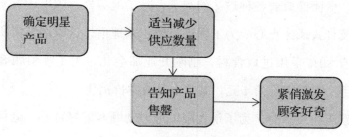

图 4-1　紧俏激发顾客好奇心

营造新奇或神秘感

对人们而言，越是新奇的东西越能引发人们的探索欲望，越是神秘的事物越能激发人们的关注热情。基于此，在经营过程中，我们要有针对性地营造新奇或神秘的气息，力争在产品、营销、服务等方面激发出顾客的好奇心，引发顾客的关注和好感。

用紧俏激发顾客好奇心

正所谓"一禁三分奇"，从心理学角度来看，人们往往会更容易对那些被禁止的事物产生好奇心，越是被禁止如何如何，越要"探个明明白白"。在实体店经营过程中，我们可以利用人们的这种心理，在销售商品时刻意制造一种商品"销售紧俏"的迹象，暗示店里的商品拥有某种与众不同之处，吸引顾客进店一窥究竟。这样一来，我们就更容易提升店内的人气，放大顾客主动购买商品的概率，从而达到提升商品销量的目的。

当然这种适度限购的做法并非万能，我们在运用的时候需要注意以下两点：首先我们的产品要足够好，有一定的人气。假如产品质量不过硬，缺少人气，那么限购不仅起不到提振人气、激发好奇的效果，反而会起到反作用，让产品更加远离顾客的视野；其次，要营造出销售紧俏的气氛，让顾客意识到店内产品销售比较紧俏，想要购买的话必须尽早"下手"。

02.你哪天来，我少收钱

实体店想要战胜电商，着眼于顾客付款环节做文章，以创意取胜，是一个非常有效的切入点和吸引点。顾客付款环节看起来很简单，一手交钱，一手交货，整个过程也就随之结束了。其实不然，只要我们用心钻研，就会从中"开发"出让顾客"惊艳"的创意。

对顾客而言，"花钱购买商品"是天经地义的事情，但是假如我们做出这样一个承诺：在每个星期五进店消费，只要超过一定的数额，微信付款立即减免5元。想一想，这样一来，进店消费的顾客会不会暴增？答案是肯定的，人们心中都存在着一种占便宜的心理，少收5元，无异于天上掉馅饼，积少成多，次数多了可以减少一大笔支出，何乐而不为呢？

一天中午，本想小憩一下，但是我的手机却嘟嘟嘟响个不停，心想谁这么烦人呢，大中午的消息发个没完。我从裤兜里掏出手机，一看是乔乔发来的微信，是一张张的图片，清一色的"周五消费满60减5元"的海报，最后还写了一句话："看看我这个创意漂亮不？"

这个创意非常好，主题很明确，能在第一时间告诉顾客：周五那天来了就给你减免5元，实打实的大便宜等你捡。于是我回复道："这个创意很不错，很漂亮，你想出来的？"

乔乔说："这是我们店全体员工一周智慧的杰作。"

乔乔和我的空间距离并不近，她在距离我几千里远的一个三线城

90

市创业，开了一家花店。她是我微信公众号的铁粉，之后便加了我的微信，闲暇的时候会和我聊聊天，探讨一下实体店经营的创意。

"你怎么突然就想到这个创意了呢？"我问道。

"其实我是从你公众号里的一篇文章里受到了启发，里面讲了在电商激烈竞争的大背景下，实体店如何绝地重生的方法，其中就谈到了创意。"乔乔回答道。

我一下子就明白了！

乔乔又发过来一条信息，说除了将海报贴在店内显眼的位置外，还准备将这些照片发到她的朋友圈，让朋友帮忙转发，问我的意见。

我说："这个想法挺好！这种海报一定有人转发，可以顺势在当地提升你的花店的知名度。"

乔乔说："我也是这么想的，就是想再问问，除了这个方法还有没有其他方面的建议？"

我说："在付款环节让利很吸引人，相信大家都会喜欢。在朋友圈转发，我觉得传播力可能有一定的限制，你可以联系一下你们当地的一些微信公众号，很多地方的微信公众号其实都喜欢'猎奇'的，你的这个创意对它们而言也是很好的炒作素材，有很强的新闻价值，它们一定会非常喜欢。一旦获得了他们的转载，那么你的店瞬间就可以在朋友圈'霸屏'。"

乔乔说："这个建议好呢！"

后来乔乔便开始实践她的创意，先是在店里、微信朋友圈和比较知名的微信公众号上进行宣传，同时改造了店里的结算系统，之后便开启了"周五进店微信付款满60减5元"活动。活动一开启，便收到了良好的效果，店里人气爆棚，人们购物消费的热情高涨，乔乔的营业额直

线飙涨。而且通过这一活动，乔乔的店也名声大作，在城市中的知名度大增，成功地打出了品牌形象。

在我看来，乔乔成功的关键在于她在付款环节上的创意，巧妙地抓住了顾客贪便宜的心理，用微小的减免让利最大限度地唤醒了顾客的消费热情。

那么我们在针对付款环节进行创新时，需要注意什么问题，具体从哪些方面入手呢？

要有明确的减免数额

想要在付款环节做出创意，我们在让利数额上要清楚、直接，让顾客一目了然，明白自己能够获得多大的"便宜"。很多人在让利的时候故意在让利数额上模糊化，觉得这样能够渲染一种神秘色彩，对顾客而言更具诱惑力。其实不然，数额越模糊，对顾客的吸引力其实越小，毕竟在这个快节奏的时代，顾客的消费耐心普遍不足，他们更喜欢看一眼就明白，而不是"猜谜语"。

限定消费额度

让利的前提是要消费满一定的数额，这样我们才能保证顾客在店内有足够多的消费。其实收款环节的让利创意本质上是"以小换大"——用微小的货款减免换取顾客最大限度地在店内进行消费。所以我们必须设置一个合适的门槛，限定顾客享受减免货款的消费数额，这个数额不能太低，越低我们所承受的让利成本就越大，但是也不能太高，太高了顾客就会觉得得不偿失，参与的积极性就会大减。

针对特定产品实行二次减价

除了针对全店产品进行货款减免之外，我们还可以针对某些特定的产品进行二次减免，引导顾客的消费行为。这样做的目的有二：其一，让顾客觉得进店消费更加"合算"，进一步激发顾客的消费热情；其二，加速店内特定产品的流通速度。

03. 风马牛不相及的业态混搭吸引眼球

实体店想要靠创意取胜，业态混搭是一个不错的突破点。聚焦实体店发展趋势，第一阶段是向顾客贩卖产品，第二阶段是贩卖品牌，最后一个阶段是贩卖创意和生活方式。而业态之间的混搭交融，则是实体店向顾客贩卖创意和生活方式的第一步。

所以当前越来越多的实体店玩起了"混搭融合"风，比如零售巨头沃尔玛和中青旅之间的合作，潮流品牌优衣库和咖啡贵族星巴克间的"眉来眼去"，在很大程度上让进店的顾客眼前一亮，不仅强化了老顾客的品牌忠诚度，还对新顾客产生了极大的吸引力。

"全家＋卡拉OK"的第一家店位于日本东京莆田，面积不大，只有100平方米，里面陈设的商品和其他全家零售店没有什么差别，唯一不同的一点是这家店里多了一块"卡拉OK"区域。卡拉OK区域有独

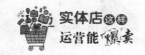

立的包间，费用是按每人每小时计算的，营业时间在早上 10 点到次日凌晨 5 点。其实这家卡拉 OK 是冠名于全家，它除了负责全家卡拉 OK 经营的部分以外，每个月还要将销售额的一部分分给全家。这家卡拉 OK 的入驻使得进店顾客群体发生了很大的变化，除了很多年轻用户之外，中老年顾客也成了进店消费的主要客群。全家根据顾客群体的这种变化，在店里增加了适合中老年顾客的产品，销售额因此大增。

在国内，永辉超市也积极探索业态混搭，以此吸引顾客。2017 年，永辉新业态——"超级物种"在福州广场开业，虽然门店营业面积只有 500 平方米，但是作为多重餐厅的结合模式，它在满足顾客购物需求的同时还能为顾客提供新鲜、安全、高性价比的全球优质食材。门店融合了永辉目前孵化的 8 个创新项目：鲑鱼工坊、波龙工坊、盒牛工坊、麦子工坊、咏悦汇、生活厨房、健康生活有机馆、静候花开花艺馆。其中面积只有 50 平方米左右的波龙工坊每天可以卖出 400 只波士顿龙虾。

"超级物种"是永辉根据自身经营经验和顾客需求不断孵化的产物，本质上是一种"超市＋餐饮"业态混搭模式，能够让进店顾客寻找到更多的生活滋味。之后永辉又推出了超级物种的第二代店，从门店面积、物种种类、消费体验等方面进行升级，给予进店顾客更加全面、惊艳的体验。

由此可见，实体店创新离不开业态之间的混搭和融合。特别是随着人们生活水平的不断提升，人们对单一业态渐渐显示出一种审美疲劳，呈现出一种无感、无味的体验状态。这就需要我们改变单一业态，在多业态混搭中进行创新，重新激发顾客的新鲜感，提升顾客的消费体验满意度。

当然，实体店业态混搭不是乱搭，各种业态的实体店搭配何种业态，需要进行详细考察和论证。具体而言，我们可以从以下几个混搭模式入手，找准自身业态的混搭"伙伴"。

超市："超市 + 餐厅"

超市门店在进行业态混搭时，首选的业态就是餐厅。很多时候，人们的购物流程中最后一个选项往往都是餐厅，在逛超市的时候，走累了，往往想喝点饮料或者吃点东西。所以"超市 + 餐厅"的业态混搭往往能够更大地提升顾客的体验满意度。

天虹在国内首创都会生活超市品牌 sp@ce，将超市和餐饮巧妙地融合在了一起，推翻了传统超市以"商品群"为导向的经营理念，开始聚焦顾客的"生活区块场景"，从柴、米、油、盐、酱、醋、茶到红酒、咖啡、烘焙、文创、旅行等主题专区，整个店拥有 6000 多种进口商品和 500 多种有机商品。

sp@ce 还专门打造了时尚餐饮区，引进了凤凰楼、彼得家的厨房、东京故事等特色品牌餐饮。同时超市内还随处可见天虹体验厨房，为前来选购食材的顾客提供美食课堂培训和生鲜食材加工服务。

服饰：和家具、咖啡吧、书吧等相互融合为服饰复合店

现阶段"80 后""90 后"是服饰消费的主力军，他们选择服饰的主要依据为"是否喜欢、是否能代表自己的风格"。在这种消费背景下，服饰饰品店假如不能充分地表达自己所代表的主张，就很容易脱离顾客的视野，最终为顾客群体所抛弃。基于此，服饰实体店可以和家具、咖

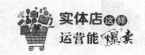
啡吧、书吧等业态进行混搭，在相互融合过程中表现出自己的风格，以此吸引"80后""90后"顾客群体。

拉夏贝尔一直以销售"法式少女时装"为主，为了更加接近年轻顾客群体，拉夏贝尔推出了全新概念买手店"拉夏+"，这一新业态除了集合了拉夏贝尔旗下五大品牌之外，还集合了香氛、盆栽、文具、玩具、服装等多种品类业态，从而使顾客进店之后能获得多样性体验，很多人都乘兴而来，满载而归。

化妆品：搭配品牌周边产品或咖啡厅

人们在逛化妆品商店时，除了关注化妆品本身外，还有和其搭配的周边产品。另外，化妆通常是一件比较费时间的事情，假如能够在化妆的同时品尝一口浓郁的咖啡，也是一种非常棒的体验。

韩国年轻化妆品牌悦诗风吟在济州岛、首尔开设了结合咖啡厅的品牌概念店"悦诗风吟济州屋"，里面的咖啡屋主打供应原料取自济州岛的健康、多样的咖啡、甜品和饮料。除此之外，店内还贩售多种类型的品牌周边商品，比如睡眠袜、睡袋眼罩、环保袋、保温杯等日常生活方式用品和有机产品。

照相馆：以体验多业态填补顾客等待时间

在智能手机拍照越来越出彩的当下，照相馆如何生存呢？照相馆想要更加出彩，除了要有专业的化妆师为顾客打造清新自然的妆容之外，还需要提供各种服装，并且加入咖啡、简餐、美甲、图书等可消磨时间的体验类业态，甚至培训、展览、讲座等功能。如此一来，顾客才会在等待的时间里更加放松，并且意识到自己在美和丑之间只差一个照相馆。

04. 要么创新，要么蒸发

对实体店而言，想要战胜电商，保持自身的创新性是非常重要的秘密武器。有效的创新能够让顾客耳目一新，觉得有意思，有好感，值得参观。而在参观过程中，随着顾客对我们创新的进一步了解，他们势必更认可我们，更看好我们。这样一来，我们才有可能真正融入顾客生活中，成为顾客生活中不可或缺的一部分。

不创新，我们身上的优势就会一点点丧失，被电商无情地辗压，最终被顾客所抛弃。所以故步自封、因循守旧的结果只能是死亡，为了生存，我们必须学会创新，善于创新，将创新当成经营过程中的最重要一环。

全球购物中心的功能都在不断演化中，购买商品、看电影、享用美食等休闲娱乐活动越来越成为主导，那么跑步呢？试想下，当你来到一个购物商场消费之余，无意中发现最顶层竟然有一个大型跑道，这下男士们再也不用因为女友或者妻子在商场里购物，自己又找不到没人坐的长椅而发愁了——因为可以跑步啦！如今，日本第一个可以跑步的购物中心——森之宫 Q's Mall 向健身和购物爱好者敞开了大门！

森之宫 Q's Mall 是一座结合购物、运动与休闲的综合性购物中心。

商场最特别之处，就是为前来购物的顾客准备了三条不同的空中走廊。其中全长 300 米，环绕商场的大跑道成为该商场最醒目的屋顶地标。

除此之外，商场还设有两个五人制小型足球场、游泳池、健身房等设施。商场表示，空中跑道免费对外开放，即使顾客不来购物，也可以来享受"空中慢跑"的过程。添置这些运动设施的目的就是让人们能够"身心健康，更好地生活"。

森之宫鼓励人们进行锻炼，这样的设计非常有创意。顾客运动完后，走进空调冷气开足的商场喝上一杯冰冻饮料，想象一下都是一件非常惬意的事情。所以这家综合性的购物中心总是人满为患，大家已经将之当成了生活中不可或缺的一部分，有事没事就来逛逛。

那么实体店要如何进行创新呢？

商品要信息化管理

现阶段中国商业早已经不再处于那种粗放型的发展阶段，跑马圈地就能坐享其成的年代已经一去不复返。现阶段实体店想要创新，就必须拥抱精细化战略，细致监控到每一件商品，了解它们的最终去向。这样一来我们才能最大限度地保证商品的品质，了解各类商品的销售情况，掌握顾客最喜欢的商品类型。在此基础上，我们才能进一步创新经营模式，更好地迎合顾客的消费需求。

拥抱集市概念

有人认为，"集市""菜市场"等经营形式已经成了"过去式"，比如永辉超市最初就是借助"农改超"政策的东风成功击退福建当地的菜市场，发展成为一家以生鲜为主打的大卖场。但是在当前经济发展大潮中"菜市场"却有回潮趋势，顾客更愿意体验传统的"集市"，因而"集市"和"菜市场"成了实体店创新的一个潜在方向。实体店在创新的时候不妨结合集市的概念，营造传统集市的购物氛围，让顾客回归到当年的"菜市场"购物体验中。

北京三源里菜市场近期成了朋友圈中的"网红"，这家被网友冠以"高品位"桂冠的菜市场经营进口乳制品、海鲜、果蔬、干货等生鲜品类，不管是商品品质还是陈列创意都令顾客叹为观止。三源里菜市场也因此成了北京市民推崇的购物"新大陆"，销售额暴增。

抓住顾客的视觉

在人的五感之中，人们对视觉的依赖程度相对于其他四感要大得多，正所谓"百闻不如一见"，说的就是这个意思。基于此，实体店的创新要想方设法锁定人们的视觉，让顾客惊艳。

2016 年，宜家的家具指南主题是"从细微处感受生活"，这个主题侧重在厨房发生、与美食有关的生活。为了继续推进厨房主题，奥美纽约为宜家打造了"Together，We Eat"营销战役，拍摄了来自单亲素食家庭、拉美家庭、拉拉家庭的厨房生活，想通过不同阶层家庭的晚餐来证明，自己的产品适合所有人。这些画面从视觉上带给了顾客温馨、愉悦的体验，让人们看了之后内心都是满满的幸福。

05.一块空间抓住整个家庭

　　网上牛人那么多，电商优势很强大，实体店的出路在何方呢？相信很多人都在思考这个问题，其实答案很简单，相对于虚拟的网络电商，实体店对顾客而言是真实存在于眼前的，真实性自然会带来体验，而创意则会无限地放大顾客的这种体验。也就是说，只要我们在创意上做好文章，那么我们就能在同电商竞争中获得先机。

　　在我看来，实体店的创意需要聚焦于儿童业态，抓住了儿童也就等于抓住了整个家庭。一个孩子的背后往往是整个家庭几代人的全情投入，一个孩子的消费，往往也是全家所有消费中的首要开支。后退一步，即使仅仅留住了孩子脚步，也能在某个时间段内绑住一个家庭，为实体店提升人气，增加潜在的消费机会。所以我们的创新要善于锁定儿童业态，通过愉悦孩子来愉悦整个家庭。

　　有家超市老板找到我，说最近半年生意不太景气，销售额逐月下降。最后他将生意不景气的原因归结为"现在电商竞争很激烈，人们吃的喝的用的穿的都网购了"！听了这位老板的诉苦，我专门抽时间去了一趟他的超市，从东到西仔细地转了一遍，发现那家超市规模很大，各种商品品类很全，店面装修得也很有氛围，而且位置也不错，周围都是大型社区，按理说生意应该不错才是。

　　超市老板很急切，一个劲儿地问我："问题出在了什么地方？"我想了想，回答了三个字："太常规！"转了一圈，这家超市给我的感觉和

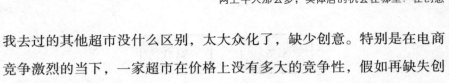

我去过的其他超市没什么区别，太大众化了，缺少创意。特别是在电商竞争激烈的当下，一家超市在价格上没有多大的竞争性，假如再缺失创意，那么顾客的体验满意度自然会下降，最终就会"用脚投票"，再也不来你这儿消费了。

"太常规？"超市老板有点丈二和尚摸不着头脑。

"嗯，就是缺少创意。既然电商在价格上有优势，那么咱们就需要在创意上做好文章，利用自身的'真实'体验性，如此才能在竞争中获得优势，吸引顾客光顾消费。"我解释道。

"这个道理我懂，但是怎么去创新呢？"超市老板一提到创新，眉头便紧紧地皱在了一起，形成了一个"川"字。

"我看超市面积都用在了摆放货架上，不如腾出一块地方，摆放一些滑梯、跷跷板之类的玩具，开辟一个'儿童乐园'。"我提出了自己的建议。

"我们是开超市的，腾出摆放货架的空间来弄儿童乐园，这种创意不合适吧？"超市老板疑惑，对我的建议不是太理解。

"表面上看咱们将摆放货架的空间来弄儿童乐园是亏本的买卖，但实际上却不然。你想一想，现在一个家庭大都一两个孩子，都是父母的心头肉，家里的'小祖宗'。将这些'小祖宗'吸引过来，每个'小祖宗'身后都跟着一个家庭，你想想，店里的人流是不是会增加？玩一会儿，大家是不是会顺便逛逛超市？这些人在店里的消费概率是不是就提高了？"

随后我在一张纸上简单地画了一下孩子身后的"家庭支援大军"（见图4-2）。

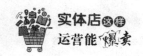

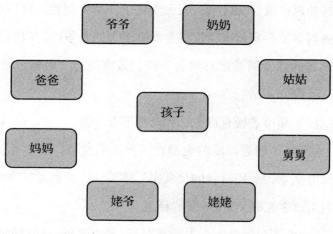

图 4-2　孩子身后的人物角色

听完我的话，超市老板紧紧皱起来的眉头一下子舒展开了，兴奋地拍了下手掌，然后立即着手布置儿童乐园去了。几天后，一个精巧的儿童乐园在超市门旁一角建成，有滑梯，有彩球池，有跷跷板，吸引了周边社区的孩子前来娱乐。一时间超市都是孩子和家长的身影，人气大增，之后超市的销售额也有了大幅度提升，取得了预期的效果。

在我看来，儿童业态是实体店创新的制高点，谁能在创新中抓住儿童，谁就能在很大程度上绑定儿童背后的家庭，继而获得更大的人流和更多的销售机会。那么针对儿童进行业态创新需要注意什么？具体从哪些方面入手呢？

免费还是免费

实体店开辟空间设置儿童乐园、趣味角之类吸引儿童的业态，需要遵循的一个基本原则就是免费。开辟空间设置儿童业态的目的不是挣多少钱，而是在吸引儿童前来的基础上吸引儿童所在的家庭成员，提升店内的人流，提高店内商品的被购买概率。基于此目的，免费是最好的手段和途径，假如采取收费的方式，最终的效果可能会大打折扣，甚至适得其反，让更多的家庭远离。

在新、奇上做好文章

对儿童而言，他们喜欢新鲜和奇特的事物，喜欢鲜艳的色彩，所以我们在创新的时候要抓住这一点，最大限度地在店内有限的空间内布置一些新奇事物。比如我们可以设置一些当前热播的动画角色，猪猪侠、熊大熊二之类；设置一些富有挑战性的游戏元素，诸如攀岩、射击之类的游戏。

巴黎老佛爷百货奥斯曼旗舰店的屋顶空中花园最近揭幕了。这可不是一个普通的只有花花草草的花园，严格来说，这是个菜园。这个"花园"内种有150多种蔬菜和水果，占地约502平方米，都采用无土栽培系统，且不使用任何化学药品，同时保证水源循环利用。曾参加揭幕仪式的巴黎副市长对花园内已熟的草莓赞不绝口，表示非常美味。老佛爷百货空中花园的项目是法国无土栽培协会的最新研究成果。这在巴黎还是首次实地应用，旨在倡议全市人民促进巴黎都市农业的发展。据悉，目前园内已经收获约900磅草莓。老佛爷百货奥斯曼旗舰店经理指出，百货店致力于将空中花园打造成全球最大的植物露台之一。

作为法国零售业巨头，老佛爷深知如何保持自己在消费者心中的魅力，屋顶种草莓是其保持新奇的最新探索，通过这些活动，老佛爷让自身在顾客眼中保持了活力并显得与众不同。

儿童空间要与店内产品区进行互动链接

　　儿童空间的设置主要起到一个引流的作用，最终的目的还是要将陪同而来的家长转化为我们的顾客。为了实现这一目的，我们要巧妙地将儿童空间同店内的产品区进行"互动链接"，比如在儿童空间和店内产品区之间设置通道，在儿童空间陈设儿童可能感兴趣的产品，张贴产品折扣信息，等等。

第五章

引领的力量：贩卖产品不如
贩卖生活方式

我们常常能够准确地选择一个产品，因为它与特定的生活方式相关联。例如，某服装品牌教我们理解生活、发现自我；某家居品牌教我们理解品质、感受自由；某食品品牌教我们理解健康、向往自然……产品，顾客用完可能会忘记，而品牌贩卖的生活方式或观念则会根植，时不时提醒我们，爱过。

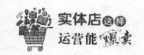

01. 不要让顾客注意，而是注意顾客

很多实体店经营者会习惯性地让顾客注意自己，经营不好，就将责任全部推给顾客，认为顾客越来越难伺候，越来越挑剔，"我的店这么好，他们都不满意！"其实这种经营理念是大错特错的，特别是在当前网购大行其道的商业大背景下，我们要转变传统的"等顾客上门"的经营思维，主动去关注顾客的需求，迎合顾客新的生活方式。如此，我们才会变被动为主动，在抢占顾客心智的竞争中拔得头筹。

关注顾客的重点在于关注他们的生活方式。所谓生活方式，它是一个内容相当广泛的概念，包括了人们的衣食住行、劳动工作、休息娱乐、社会交往、待人接物等方面，物质生活和精神生活的价值观、道德观、审美观。我们要学会去关注顾客的生活，从中提炼出他们的生活方式，从而将之融入我们的经营中，如此，才能称得上关注顾客，才能最终吸引顾客的关注。

有位学员，手里资金比较充沛，通过长时间的市场查考，意识到当前生活方式集成书店比较火，所以想开一家。他问我："我想开一家生活方式集成书店，融入咖啡、烘焙、花艺，如何才能让顾客关注我的店呢？"我立即矫正道："你这个问题本身就不对，不是让顾客关注你的店，而是你去关注顾客。"

"去关注顾客？关注顾客的什么？"学员不解，追问道。

我进一步解释道："生活方式店的最重要特征就是综合性，衣、食、住、行是生活方式店的最基本组合方式，"物质＋精神"是最有效的一种生活方式组合。不能说店里有咖啡，有蛋糕，有花艺，你就开了一家生活方式店。你要关注顾客的生活，咖啡、蛋糕、花艺都是他们生活中用到的，但是却不能囊括生活的全部。"

"也就是说我需要囊括更多的东西？"学员想了想，反问道。

"对！"我抽出一张纸，边画边说："仔细观察顾客，他们需要的生活方式店是融合性、综合性的店铺。现在很多店铺虽然叫某某体验店，但是我们走进去，就会发现里面只卖货，没有任何的体验，甚至连试用这个环节都没有，你想想，顾客怎么会认同这样的店？生活方式店也是同样的道理，假如顾客进店之后发现要体验没体验，要颜值没颜值，要产品没产品，那么这种店也不会进入顾客的选择名单。顾客需要的是一种综合性的生活体验，所以我们的生活方式店在内容组成上，应该具备这些特点：服饰、轻家居、生活杂物、艺术品、咖啡、轻食、花艺、非商业盈利的讲座。"（见图 5-1）

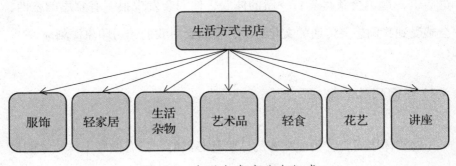

图 5-1 生活方式店业态组成

那位学员深以为然，接受了我的意见，对生活体验书店的设想进行了调整，将书店定位为"回归中国文化味道"。他的书店在装修风格

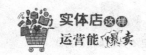
和产品陈列上充分吸收了中国文化，综合了传统服装、家具物品、小杂物、花艺、绘画、轻食等，让每一个进店的顾客瞬间有了回归"母体"的感觉，觉得非常愉悦、惬意。

他的店开业之后就成了明星，每个周末都挤满了人，不管大人还是小孩，男人还是女人，都喜欢泡在里面。不是大家没地方去，而是里面的装修和陈设特别符合他们的需求，在店里，不管是物质还是精神上的需求都能得到满足。

那么实体店需要从哪些方面去关注顾客呢？

关注顾客的文化需求

对实体店而言，关注顾客，贩卖生活方式，最有效的一个方面就是找准顾客的文化需求，通过自身产品引领或者唤醒顾客自身潜意识里追求的那种生活方式。只要我们做到了这一点，那么顾客即便不买东西，进店逛一逛也会获得耳目一新的体验，他们会发现很多有意思的东西，会感受到我们想要传递的文化符号，自然会对我们的店印象深刻。

关注顾客的体验需求

对实体店而言，关注顾客的体验是必需的，只有做好了体验才能最大限度地吸引顾客。那么拿什么来吸引顾客呢？自然是要有自己的独特新奇的商品。不管顾客是随机逛逛还是有明确的目的，只要产品本身能够吸引顾客，得到顾客认同，就能产生持续的吸引力。所以我们要针对顾客的需求引进有足够吸引力的商品，并且不断地更新我们的货架。

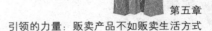

没有足够吸引力的商品就去谈体验，就好比一个没有深扎地下的树根，遇到狂风暴雨就会不情愿地倒下。因此，我们需要时刻关注顾客的需求，有针对性地将满足顾客需求的商品聚集到我们店里。这样我们才能聚集起人气，最大限度地提升顾客的体验满意度。

设置某种主题下的情境

关注顾客的最终目的是根据他们的需求和喜好设置相应风格的情境，令顾客沉浸其中，将顾客绑在我们的店里。比如一家走心的生活馆，它会以大自然作为主题，店铺内会陈设花草树木等装饰品，顾客进店就会产生一种回归原始世界的感觉。这样一来，顾客自然会很惊奇，会拿出手机拍照，然后上传到社交平台上，有助于我们的店进行病毒式传播。

02. 购物 + 休闲，顾客要的不是购物，是休闲生活

皮普尔说："休闲是上帝赐予人类的礼物。"从某种意义上而言，人类对休闲的追求和渴望就如同一个漫游者在夜空仰望漫天星光时，从内心深处喷涌而出的那种自我陶醉和自我超越。也就是说，休闲的生活理念和态度已经深深地烙印在人类的心灵深处，成为我们潜意识中一种永远存在的渴望。

休闲学家马惠娣认为：休闲生活是人类精神家园的一种境界，是

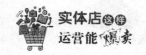

人类自省与沉思的产物，是探索人的本质和生活目的的一把钥匙。可以说，休闲是一种现实存在，是一种文化和一种文明程度的标尺。

当下，人流日趋向城市聚集，导致城市环境拥挤繁杂，再加上生活和工作的快节奏，很多人的内心也变得越来越浮躁，感觉自身承受的压力越来越大。人们渴望能够寻到一处空间，让自身暂时脱离喧嚣的人群，或融入大自然，或独处幽室，放空心灵，陶冶情操，享受片刻的休闲人生。所以实体店采用"购物＋休闲"的经营模式，以引领人们休闲生活的方式融入顾客生活中去，是一种非常智慧的经营创新。

我的朋友王鑫，在远离市区中心位置开设了一家茶馆，销售各种名茶。茶店周围是一个大湖，水量丰沛，波光粼粼，景色醉人。这里环境虽好但却远离市中心，这一点很多亲朋好友都不理解，都觉得王鑫做了一个错误的决定：位置这么偏僻，有谁专门跑那么远的路去店里买茶叶？再说现在网购这么盛行，大家想买茶叶在网上动动手指就能搞定，卖茶叶这种生意怎么想也觉得没前途。

但是让亲朋好友惊讶的是，茶店开了之后，王鑫的生意竟然出奇得好，虽然没有商场内的那种熙熙攘攘的人流，但是进店的很多顾客都是市内的成功人士，多金有闲。为什么这类多金顾客会青睐一个远离市区的茶店呢？

原来王鑫的茶店并非单纯的售卖茶叶，还售卖"茶水＋景色"，提倡的是一种远离城市喧嚣的休闲生活。王鑫特地花费重金聘请了一位工夫茶师傅，为前来的顾客冲茶泡茶，为顾客营造一种湖光茶香的悠然氛围。店里冲茶的水是高档矿泉水，烧水的火则是专门购买的"绞积炭"所生，绝无烟臭，冲泡则更显功夫，带有强烈的观赏性，再加上其间洋溢出来的浓郁茶香，令人仿佛置身于仙境之中。

所以很多人在结束了一天紧张的工作之后，便驾车来到王鑫的茶馆，欣赏湖光水色，观赏工夫茶师傅的茶艺，品味洋溢着淡淡清香的茶水，放松自我，清空心灵。这种休闲生活是在喧嚣的市区所享受不到的，王鑫正是依靠销售这种休闲生活的经营理念，将茶店生意做得风生水起。

社会在向前发展，人们的生活理念也在不断地进化——十几年前，我们的生活目标是吃饱穿暖，能有一个小屋遮风避雨；十几年后的今天，我们追求的是吃好穿美，拥有一套心仪的房子。也就是说，随着社会经济的不断进步发展，人们对生活的追求越来越高，已经不再满足于最基本的物质需求，在精神需求上也越来越"高标准"。

在我看来，王鑫的成功最主要的原因就在于抓住了人们这种对休闲生活的渴望之情，利用"湖光＋茶香"营造出了一种和喧嚣城市生活迥异的休闲生活氛围。正是靠着这种氛围，王鑫成功地吸引了都市中多金而又向往闲适生活的顾客群，在电商激烈的竞争中走出了一条别具风格的路。

那么实体店在采用"购物＋休闲"模式时，可以从哪些方面入手，注意哪些事项呢？

注重"休闲"概念的挖掘

所谓休闲，是一种使人类自身沉浸在创造过程中的机会和能力，是人类生命的一种状态，是一种"成为人"的过程。其所体现的是一种生活的态度，是一种对现实生活的逃避和超脱，主要表现为对自由的向往，对宁静的追求，对浪漫的渴望，对愉悦的拥抱，以及对从容、淡

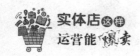

然、闲适、惬意的一种体验。(见图 5-2 所示)所以我们在构建休闲生活方式的时候，需要注意体现这些休闲元素，最大限度地让顾客沉浸在我们所营造的环境和氛围中。

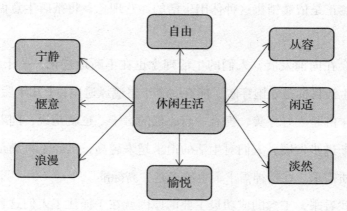

图 5-2　休闲生活情趣内涵

休闲的体现形式

在经营过程中，我们需要从哪些方面入手，通过哪些形式让顾客感受到我们所提倡的休闲生活方式呢？在我看来可以具体通过以下几种形式实现（见图 5-3）：

娱乐休闲：可以通过组织娱乐性的活动，诸如文艺演出、游戏互动、茶话会、故事会等，让顾客在愉悦的氛围中感受到休闲生活的魅力。

运动休闲：从垂钓、棋牌、慢跑、篮球、排球、游泳、体操、柔道之类的运动中都能够感受到休闲生活的魅力，我们在经营过程中可以根据自身实际情况引入合适的运动，让顾客从中感受到休闲气氛。

旅游休闲：可以通过组织系列旅游活动，让顾客体察异乡风情，了

解各地的饮食文化，获得审美上的愉悦感。

　　文化休闲：通过书籍、品茶、传统手工等形式，给予顾客一种文化上的审美感知。

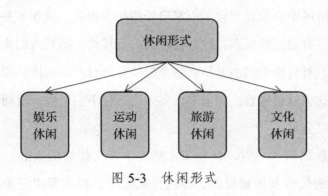

图 5-3　休闲形式

03. 购物 + 培训，赠送技巧，融入组织

　　实体店经营能否风生水起，最关键的一点在于我们在经营过程中能否进行有效创新。很多时候，单纯面向顾客出售商品并不能让我们完全走进顾客内心，和顾客之间建立起强关系。所以在出售商品之外，我们需要另辟蹊径，用某种形式来引领某种生活方式，培育一种全新的生活理念。这样一来，销售商品和培育理念之间才会相互推动，助推实体店不断发展壮大。

　　对实体店而言，采用培训的形式来引领顾客的生活理念，是一种非常有效的创新性经营方式。我们可以根据自身销售产品的特点和顾客的兴趣点开设培训课程，吸引顾客参与进去，通过相应知识和技能的不断

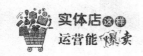

输出来强化自身在顾客心中的形象，通过组织群体性活动来确立我们在顾客群体中的领导地位。

钱菲菲长得很漂亮，头脑也很精明，大学毕业后便在爸爸妈妈的支持下在市区中心位置开设了一家户外用品专卖店。钱菲菲并不认同实体店未来没有前途的观点，她有自己的一套理论：随着人们生活水平的不断提升，对价格上的小差异会越来越淡化，对产品的体验需求则会越来越大。这也就意味着，在未来，实体店不仅不会消失，反而会大放异彩，大有可为。

正是意识到这一点，程菲菲才坚定了开实体店的决心。为了能够将实体店的优势发挥到极致，经过仔细思考，程菲菲决定采取"购物＋培训＋组织"的经营模式，她专门列出了一个经营模式图，如图 5-4 所示：

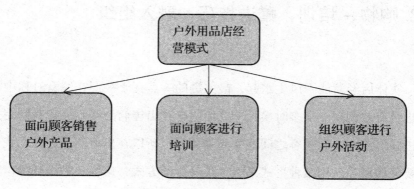

图 5-4　户外用品店经营模式

一方面面向顾客出售户外用品，另一方面专门在店内开设了一个户外用品使用培训区，组织大家一起进行户外探险，除了面向顾客手把手教导各种户外用品的正确使用方法之外，还传授户外生存技巧，为大家普及在野外环境中如何取水，如何生火，如何保暖，如何辨别方向，如何面对野生动物，等等。野外生存知识和技能培训课大大地提升了顾客们的户外活动安全感，使大家渐渐地喜欢上了程菲菲的店，时间长了，程菲菲的店便成了这个城市户外活动爱好者的小据点，每到周末大家便聚集在店里，听程菲菲讲述野外活动知识，学习各种生存技巧。

除了面向顾客免费培训，帮助大家掌握各种户外生存技能之外，程菲菲还成立了一个户外互动组织"探野"，组织大家一起进行野外活动。这样一来，程菲菲的户外活动店也就顺理成章地成了"探野"的总部，店里每天都不缺少人流，而超高的人气又在无形中引发了"从众效应"，吸引了更多顾客来店"考察"。

在程菲菲的这种创新经营模式下，她的户外用品店的口碑越来越响亮，人流越来越密集，生意越来越红火。

在我看来，程菲菲的经营模式就极具创新性，实体店之于电商的优势就在于能够和顾客进行面对面的接触，在接触中将体验感做到极致。程菲菲恰恰利用了实体店的这一优势，并将之推向了一个新的高度——以培训培育自身和顾客之间的强关系，以组织活动强化自身的领导形象，带动店铺的人流，塑造店铺的品牌形象。

培训要结合产品特点和顾客的兴趣点

实体店采用培训模式培育自身和顾客之间的强关系，最关键的一点是要结合自身经营产品的特点和顾客的兴趣，做到有的放矢，相互促进，如此才能达到预期效果。

实体店做培训需要坚守以下三个要素（见图5-5）：

115

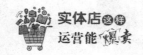

第一，要在店内。有些实体店觉得将培训放在店内空间太小，或者影响商店的日常经营，所以可以将培训地点选在别的地方。其实这种想法是错误的，我们之所以对顾客进行培训，除了帮助顾客提升某方面的知识和技能之外，最主要的一个目的还是在于强化店面和所销售商品在顾客心中的印象，在顾客心中树立起品牌形象。在店内进行培训，让顾客置身于店中，我们更容易借助这种环境达到培训的目的。

第二，结合店内具体产品进行教学。我们向顾客讲述知识和传授技能时，最好能够结合店内的相关产品进行"现场教学"。这样一来，我们店内的产品就能自然地融入培训过程中，会进一步得到顾客的认同，在顾客心中留下更清晰深刻的印象。

第三，引入顾客的兴趣点。培训的内容除了要结合产品的特点外，还要引入顾客的兴趣点，向顾客感兴趣的知识和技能进行倾斜。俗话说，兴趣是最好的老师，抓住了顾客的兴趣点，我们的培训才会更具吸引力，更具生机。

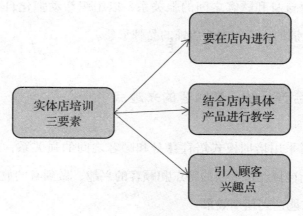

图 5-5　实体店培训三要素

组织要吸引顾客领袖

在组织顾客进行实际活动过程中，我们除了提供活动地点、活动装备之外，在具体的组织过程中要吸引顾客中的领袖人物、活跃分子参与进来，引导他们自行组织和管理具体的活动事宜。这样一来，借助顾客中的领袖和活跃分子的影响力，我们组织的活动才会更具吸引力和影响力。

意见领袖：这类顾客往往在某一行业取得了比较大的成就，或者有一定的社会身份，所以对其他顾客的影响比较大，其所提出的意见往往能够影响大家的决定。

活跃分子：这类顾客参与话题或者活动时通常会表现得比较积极，能够走到前面，玩在前面，同时会主动帮助大家。因此这类顾客往往在顾客群体中也拥有一定的影响力，能够在一定程度上左右大家的看法。

04. 卖的不是产品，是更高级的生活理念

对我们而言，直接面向顾客卖产品是最传统的销售方式，想要依靠这种方式在同电商竞争中获得先机，是不现实的。那么对我们而言，既然在售卖产品中很难获得竞争优势，那么我们该如何在产品之外找到一种必胜的"秘诀"呢？

在我看来，实体店除了卖产品之外，还可以向顾客售卖更高级的生

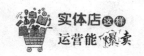

活理念。随着社会经济的快速发展，人们生活水平越来越高，对更高级生活的追求也越来越强烈——人们都希望能够在自身能力范围内最大限度地提升生活的品位，享受生活的馈赠。所以，我们必须在具体的经营过程中进行创新，迎合顾客追求更高级生活的理念，才能让我们的店更受顾客欢迎，甚至在一定程度上培养出一种新的消费潮流。

在当代，当很多女孩将时间消磨在刷微信朋友圈、看电影或逛街购物上时，常婷却在自己堆满了皮革和各种刀剪工具的工作室内忙得不亦乐乎。自从走上了手工制作皮具这条商业之路，她灵巧的手已经为顾客制造了成百上千件手工艺品。

"现在人们并不缺少功能性的产品，缺少的是一种基于产品所承载的更高级的生活理念，而我所销售的正是这种更进一步的生活理念。"常婷说。看着她一针一线地缝制、一刀一刀地切割出来的手工皮具，很多顾客都竖起了大拇指，在赞美常婷心灵手巧的同时，也对其手工制作的产品所带来的生活改变大为憧憬——他们觉得和那些在工厂流水线上诞生的产品相比，这种纯手工产品更加精美，更有价值，更值得品味，拥有一件这样的手工艺产品，感觉整个生活的品质也有了提升。

常婷的父亲是制作小提琴的手工艺人，她觉得自己多少也算有点家族传承，所以她很小的时候就喜欢做包包，缝刺绣。大学毕业那年，她想给自己新买的手机买一个手机套，忽然就萌生了做个皮套的想法。于是一发不可收拾，常婷便和手工皮具结下了不解之缘。后来她便开了一家手工皮具店，最初周围的很多朋友都劝她："现在电商太厉害了，大家都习惯了网上购物，你却一头扎进了实体店，感觉前路暗淡啊！"但是常婷却不这么想，虽然现阶段电商大行其道，但是实体店在未来还是前途光明的，因为人们所偏重的体验感是电商所不能提供的，实体店可以通过售卖生活方式的形式来拉近自身同顾客心灵的距离，使得自身完全融入顾客的生活中去。

做自己喜欢的事情就是要坚持，常婷说一件手工做出的皮包并没有那么简单："这个背带上的针脚相隔距离是 4 毫米，每缝制一针，只是前进了 4 毫米，有时候一根背带就要缝制一晚上。"不过虽然辛苦，但是制作完成后那种成就感，也是常人难以体味到的。时间久了，做皮包就成了她生活中的一部分，就像人必须吃饭喝水一样，必不可缺。而在这个过程中，一些同样热爱手工的顾客也会跟着常婷学习，为此她专门开设了手工课，将制作手工皮具的经验和乐趣转达给了其他人。对常婷来说，在销售手工产品的同时，自己其实也是在向顾客销售一种生活方式——制作是一件需要全身心投入的事情，假如能够数个小时专注于做皮包这件事情，那么生活和工作中的一些不愉快也就会自然地排解了。

常婷说："我开设手工皮具店，传授皮具制作技巧和经验，不仅是售卖产品，教给顾客如何做包包，还特别传达手工制作的这种回归质朴、坚持、踏实的生活方式。"

提出一种全新的生活理念

在经营过程中，我们需要集合自身产品提出一种全新的生活理念，以此吸引那些对生活有更高追求的顾客关注、参与。我们所提出的新生活理念要具备两个特征：首先，其必须契合当前或者未来人们对生活的憧憬，能够引导人们提升生活水准，让顾客对生活变得更加热情，更有信心；其次，必须和我们所销售的商品存在某种联系，能够直接带动店

内产品的销售，或者间接助推实体店品牌的树立。

培养顾客新的消费习惯

一种新生活理念的引入，直接目的是帮助顾客重新认识生活，提升对生活的更深层认识，更好地享受生活，最终目的则是培养顾客新的消费习惯，将顾客培养成我们店的"铁杆粉丝"。当我们做到了这一点，那么顾客和我们就不仅仅是单纯的买卖关系，还会带有强烈的情感因素，会成为我们店的忠诚消费者，将我们视为其生活所需产品的第一采购来源。

组织具体活动

新的生活理念不能仅仅是"理念"，存在于理论中，我们还应该将这种新的生活理念完美地变为现实生活情景，将之展示在顾客眼前。这样一来，我们所提出的新理念在顾客眼中才更具吸引力，更令顾客痴迷。所以在日常经营过程中，我们需要不断地策划组织一些活动，在活动细节上体现出我们所提倡的新生活理念。

05. 你有一个梦想，可以在这里实现

假如我们仔细分析电商网店，就会发现他们经常借助图片、视频

等方式为顾客制造一个又一个的"梦想世界"，迎合顾客的长期或者短期梦想，最终吸引顾客购买产品。对实体店而言，我们同样也可以在顾客梦想上做文章，用激发顾客梦想的方式吸引他们入店，获得他们的青睐。

实体店想要获得更好的营销出路，需要做到的一点是了解顾客，抓住他们的情怀。在做到这一点之后，才可以有针对性地为自身产品灌注一个"梦想"口号，这样就能给目标顾客群体带去心灵、情怀上的共鸣。

英国著名的皮具品牌玛百莉在全球经营着大量的实体店，和其他皮具品牌实体店不同的是，玛百莉非常注重构建梦想，几乎每个玛百莉的包包里都"装着"一个梦想口号。

在2015年下半年以来，在玛百莉实体店的橱窗里，都陈列着一款知名模特汤姆·沃伦参与设计的男士手袋系列产品。这款男士手袋是汤姆·沃伦亲自参与设计的，因此这款产品中融入了汤姆·沃伦很多追逐梦想的故事，吸引了众多拥有同样梦想的顾客关注，在顾客群体中产生了共鸣。

汤姆·沃伦对于梦想的追求始于他15岁那年，他曾经是玛百莉的签约男模，后来在伦敦开办了一家属于自己的广告、时尚摄影工作室。汤姆·沃伦在这款男士手袋设计上突出了便携实用的特性，可以让顾客解脱双手，更加专注地做任何事情。同时这款产品还采用了防水帆布，保留了低调的哑光视觉，非常漂亮，让每一位顾客都不会失望。

尽管拥有自己的事业，但是汤姆·沃伦还是习惯像大部分年轻人一样，每天都骑车单车去上班。正是因为这种习惯，所以汤姆·沃伦希望自己的产品能够为这些年轻人所认可，希望他们可以背着自己设计的包

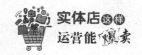

自由自在地穿梭于城市中。在汤姆·沃伦看来，这款包里面装备了年轻人追逐梦想的动力和实现梦想的蓝图。

可见，在玛百莉的实体店中，这款有汤姆·沃伦参与设计的型男包，体现的不仅仅是时尚的外观，更体现了年轻人追求梦想的活力。当年轻人背上这款包包追逐梦想的时候，他们也会从汤姆·沃伦的故事中汲取到源源不绝的动力，支撑着他们更加自信地推开梦想的大门。

为产品品牌注入梦想

产品给予顾客梦想的最佳载体是品牌，假如我们能够让顾客在看到品牌的第一时间就想到某个梦想，那么我们的产品必然会成为顾客实现梦想道路上的"好帮手"，对顾客的吸引力也会因此成倍增加。

那么如何为品牌注入梦想呢？见图 5-6：

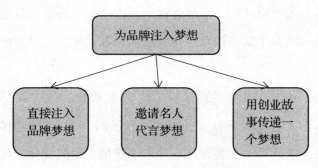

图 5-6 为品牌注入梦想的三个方法

第一，直接为品牌注入梦想元素。我们可以根据自身产品的目标人群定位，为品牌注入青春、成功、艺术、文学、浪漫、爱情之类的梦想，让我们的品牌成为某一梦想的"代言人"。

第二，邀请名人代言梦想。名人的背后通常拥有巨大的粉丝群体，通过名人来宣传我们产品所代表的梦想，会在很大程度上放大我们产品"梦想代言人"的身份，在更深程度上影响顾客心智。

第三，通过我们的创业故事传递梦想。每个实体店经营者，或店内的员工身上，或多或少都有着一段故事。假如我们能够将这些故事整理出来，和目标客户的梦想融合在一起，那么对顾客的吸引力必将是非常大的。人人都爱听故事，特别是那些真实的和梦想有关的故事，只要讲述得好，那么顾客就能从中汲取力量，能更有力地搏击梦想，对我们的好感度自然也会成倍增加。

在装修上体现梦想

实体店想要给予顾客一种梦想情怀，最简单有效的一个方法就是在装修和店内陈设上做文章，使之体现出目标顾客的梦想，让顾客在进店之后的那一刻就感受到我们想要传递的情怀和梦想。这样一来，我们才能更快地和顾客在情感上产生共鸣，获得顾客的好感。

"今天，叫醒你的是闹钟，还是梦想？"

"梦想，就像未曾绽放的花朵，要么枯萎要么怒放！"

"不要在奋斗的年纪，选择了安逸！"

这些充满激情梦想的话，看了是不是会让我们充满活力，甚至热血沸腾？很多人都想不到它们会出现在便利店的墙上，没错，他们就在TODAY。这家便利店不像是一个购物的场所，更像是一个休闲的地方，更准确地说它是一个为顾客造梦、促进顾客实现梦想的地方。在这家店里，顾客通过灯光、商品、休息区，耳边悠扬的音乐和墙面上的个性涂鸦以及工作人员的热情贴心服务，不管是视觉、听觉还是嗅觉，都

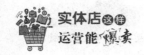
会真实地感受到梦想的气息，觉得舒服极了。正是因为这种梦想带来的舒服感，顾客对 TODAY 的好感度才会大增，消费欲望也因此被大大地激发。

营造梦想励志气氛

实体店想要在情怀上获得顾客的认可和共鸣，引领一种生活方式，那么就需要营造一种情怀气氛，给予顾客一种梦想。比如我们可以在产品营销现场营造一种梦想励志的气氛，让每一位参与的顾客都被这种梦想励志气氛所感染、触动，从而对我们的店产生好感，积极主动地购买我们的产品。

东风悦达起亚苏舜专营店就巧妙地借助梦想励志电影《匆匆那年》给予了顾客一个汽车梦。东风悦达起亚 K3 在设计和内涵上都突出了青春追梦的主题，基于这一设计理念，专营店在营销现场营造出了浓厚的梦想励志气氛——现场播放《匆匆那年》《海阔天空》等青春激昂的歌曲，还设置了一些追逐梦想的视频片段。通过这种方式，该汽车专营店为顾客营造出了浓厚的梦想励志气氛，让顾客情感上产生了共鸣，能激发年轻人拥有一辆汽车的梦想，使得这些年轻顾客对东风悦达起亚这个品牌的印象变得更加深刻，继而产生了浓浓的爱意。

第六章
关注顾客的情怀，
提高营销的温度

人有情怀、有态度，营销也要有"温度"、有"情感"。人情味最容易打动人心，人心换人心，你真我就真。"真"可以是惊心动魄的大举动，也可以是简单的一言一行。只要抓住了以情动人的根本，真诚地与顾客交往，重视顾客的感受，你在这"无形的战场"上总会有所收获。尊口不用开，生意自然来。

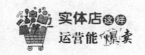

01. 注意你的个人状态：精神点儿！

以"态度"系列著述闻名于世的学者查尔斯·斯温多尔说："我活得越久，就越发觉态度对生活影响的巨大。对我来说，态度比事实更加重要。它远比过去、教育程度、金钱、环境、失败、成功、其他人的言行都重要得多。它比一个人的外表、天赋或技能更重要，它能够建造或摧毁一家公司……一间教堂……一个家庭。"从中可见，个人的态度对生活有着巨大的影响力，态度的好坏决定了生活质量的高低。其实这种观点同样适用于我们实体店的经营。

我们在经营过程中所展示出来的态度，也在很大程度上决定了我们能够在经营上走多远——我们越精神，在顾客眼中就越有朝气，越能留下好感，越被信任；反之，我们越颓废，看在顾客眼中，我们的店前途就越暗淡，获得顾客好感的难度就越大，自然也就谈不上被顾客信任了。

朋友刘海经营着一家海尔电器超市，在网络电商的激烈冲击下，很多电器实体店都出现了业绩大幅缩水的现象，每个月的营业额仅仅能够维持温饱，至于扩大经营面积更是成为奢谈了。但刘海的店却"鹤立鸡群"，开业之后不仅能够"温饱"，而且还经常"吃撑"，从最初的一家店发展中到现在的三家店，可以说生意越做越大，品牌效应越来越显著。

为什么刘海能在电商的激烈竞争中"激流勇进"呢？在我看来，刘海之所以能够取得这样的成绩，最关键的一点就是他有顾客所说的"精神气"，做事雷厉风行，暖心，让人看了觉得不仅店好产品好，而且人好品质佳，让人不自觉地就生出一种信任感。获取了顾客的信任，产品自然也就不愁销售了。

刘海曾经跟我讲过这么一个故事：有一次，他接待一位顾客的来信，询问冷柜为什么长时间不停机。但或许是由于疏忽，那位顾客只是简单地写了自己所在的小区名，并没有留下详细的家庭住址，也没有留下联系方式。在刘海的经营理念里，最重要的一点就是："积极行动，让上帝永远微笑。"他不仅仅自己严格执行，还要求店里的每一位员工都"精神起来"，在经营过程中践行。

刘海觉得自己必须立即行动起来，为顾客解决问题。他立即指派一名服务人员前往顾客所在的小区，那名服务人员带着顾客的来信和维修工具，在小区挨家挨户打听，一直问到太阳快落山，才在物业的帮助下找到了那位顾客。经过检查，发现顾客冰柜故障的原因是没有按照说明书使用所致。服务人员耐心地为顾客介绍了冰柜的使用知识和注意事项，直到顾客听明白为止。

当顾客了解到服务人员在不知道地址的情况下挨家挨户敲门询问才找到他后，非常感动，夸奖服务人员"有精神""很敬业"。而且这件事情在顾客所在的小区也成就了一段佳话，很多人因为这件事情知道了刘海的店，夸奖他们有责任心，有精神气。

在我看来，顾客眼中的精神气主要包括三个方面（如图6-1）：热情的服务态度；强烈的责任感；近乎完美的售后服务。

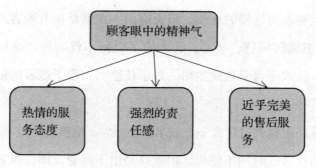

图 6-1 顾客眼中的精神气表现方面

热情的服务态度

实体店在顾客眼中是否热情，服务态度是最明显的感知媒介。当我们能够积极回应顾客的每一个问题，热情服务顾客的每一项需求时，顾客对我们的第一印象就会是"积极"、"热情"、"有朝气"；假如我们对待顾客很冷淡，对顾客的问题爱理不理，对顾客表现出来的需求视而不见，那么看在顾客眼中我们的服务就缺少精神气，令人难以亲近。

强烈的责任感

对顾客而言，之所有选择实体店，在很大程度上是由于所谓的安全感——很多顾客觉得实体店离自己近，以后出了什么问题"跑得了和尚跑不了庙"。针对顾客群体中普遍存在的这种安全心理，我们在经营过程中要表现出超常的责任心，力争在每一处细节上都让顾客感到满意，为顾客做到最好。比如为顾客营造一种舒适的购物环境，为女性、儿童等群体提供特色休息、娱乐区，第一时间告知顾客服务联系方式，向顾客做出服务承诺，等等。通过这些行为，顾客就可以在第一时间感知到我们的精神劲儿。

近乎完美的售后服务

售后服务是实体店向顾客显示"精神劲头"的重要途径，售后服务做得好，做得精，那么顾客对我们的感知就会趋于正面，对我们的信任感就会大幅度提升。想要将售后服务做得近乎完美，我们可以从三点入手：

首先，要无偿。售后有精神，首先要体现在无偿性上，我们的售后服务应当是一种提升自身和顾客群体关系的"润滑剂"，是一种获得顾客好感的"投名状"，而非是赚钱的途径。所以我们的售后首先要坚持无偿原则，只要顾客遇到了问题，我们就必须免费为顾客解决问题，提升顾客使用产品的体验感。

其次，要全面。售后服务所覆盖的方面要广，要能满足顾客各个方面的需求，不能成为聋子的耳朵，那样的话只能毁掉我们在顾客眼中的形象。另外，我们的服务要根据顾客需求的变化而变化，与时俱进，不要墨守成规。

最后，要快速。售后服务精神还是不精神，最关键的一点就是我们响应顾客需求的速度快还是不快。当我们能够在第一时间响应顾客需求，解决顾客需求的时候，我们在顾客眼中就是精神的；假如我们在顾客提出服务要求之后却"蹒跚学步"，一拖再拖，那么顾客在长久的等待过程中势必会对我们好感尽失，对我们的印象自然也就趋于负面。

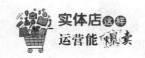

02. 搞懂女人心，实体店就能成功

有句话很形象地概括出了女性和购物之间的关系——女人都是天生的购物狂。尽管并非所有的女人都热衷购物，但是大多数女人的内心中却隐藏着一种疯狂购物的欲望——衣食住行，我都要最好的！对实体店经营者而言，都知道"把东西卖给有钱人、有需求的人"，但有趣的是，现在既有钱又有需求的人往往是女人。

为什么会是女人呢？

在我看来，现代女性在经济上普遍已经独立，而且在家庭购物方面，女性往往都大权在握，她们的意愿往往代表了整个家庭的意愿。所以女性也就成了"有钱有需求的上帝"，谁抓住了女人心，谁就抓住了"摇钱树"，赚得盆满钵满。

去过香港的人会惊讶地发现，在香港旺角通菜市街中，有一条专门为女人购物而建造的街道——香港女人街。这条女人街全程总共分为四段，早年以销售女性用品为主，聚集了大批女性顾客。现如今女人街已经成了香港最有名的购物街之一，也是外地游客到香港旅游的必选之地。

所以说，懂得女人心的实体店才能"打遍天下无敌手"。实体店在日常经营中要抓住女人的情怀做好文章，女人往往比较感性，喜欢浪漫，崇尚爱情，向往时尚、味美、小资，等等。做好这些，实体店也就能够更好地赢得女性青睐，想不成功都难。

Darry Ring 是一个专注于求婚钻戒以及传播浪漫真爱文化的珠宝品牌，该品牌主打产品是钻石戒指。自从进入市场后，Darry Ring 品牌便推出了"一生仅一枚"的独特定制诠释"一生唯一真爱"的爱情理念。Darry Ring 已经成为珠宝行业中极具浪漫情怀的求婚钻戒品牌之一，甚至有人说，只要走进 Darry Ring 专卖店，就意味着一生的浪漫期许。这对女性顾客而言，无疑具有巨大的吸引力，于是在很多女性心目中，拥有一枚 Darry Ring 的钻戒就成了非常幸福的事情。

在 Darry Ring 的定义里，一生仅此一枚，恰如其分地传递了真爱唯一的爱情信仰。也正是这种对真爱的追求，令每个男士的求婚都充满荡气回肠的气势。很多女性都在寻找被珍视的浪漫，同时也渴望得到一份"Darry Ring 式"的一生唯一真爱。求婚可以说是爱情修成正果不可或缺的神圣仪式，它是每个女性心中最美好的浪漫结局。

2015 年 2 月 1 日，Darry Ring 正式在上海红坊开设旗舰店。之所以选择红坊，是因为红坊是一个混合着上海人集体记忆和梦想的地方。五十多年前，这里曾是上海钢铁十厂，而今这里注入了新鲜时尚、艺术创意的血液，成为新的浪漫圣地，成为国际文化时尚社区。上海有着无数的传奇爱情往事，阮玲玉、陆小曼、张爱玲等，她们的魅力和传奇在这里广为流传，她们的爱情就像一枚枚传世钻石一般成为"不老""经典"。这对更多的女性用户而言，的确是一种独特的浪漫情怀。

该实体旗舰店，也是 Darry Ring 品牌旗下最大的旗舰店，占地五百多平方米，店面由国际顶尖设计大师、恩爱伉俪罗灵杰和龙慧祺为 DR 族们倾情打造，所有这一切都为客户浪漫的爱情故事增添了更多的美好。

该实体店开业不久就是 2 月 14 日情人节。Dairy Ring 凭借浪漫的情怀，在情人节的当天，给更多女性用户敲响了消费的鸣钟。该旗舰店在

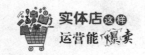
情人节期间为每位来店的顾客提供轻松而美好的环境，协助客户挑选出此生仅此一枚的最美 Dairy Ring 钻戒。很多男性用户为了给女友、爱人一份期许和美好的承诺，特意选择在情人节期间光临 Darry Ring 选择购买钻戒。

Darry Ring 实体店抓住了女人心，因此成了众多女性眼中浪漫爱情的化身，成了很多女性一生中最渴望拥有的美好。由此可见，在实体店经营过程中，我们要善于揣摩女性的心理，迎合女性的需求，抓住女心人，如此我们才能真正走进女性内心，获得女性青睐。

在情怀上赢得女人心

女性往往倾向于感性，而感性又衍生于情怀。所以我们在经营过程中需要最大限度地做好情怀，渲染情怀。我们可以为产品品牌注入情怀，打造让女性动心的品牌形象；可以讲一个魅力浪漫的故事，让产品化身为女性的白马王子；可以让产品满足女性对美丽的追求，帮助女性变得更加美丽动人；可以将店面按照某种主题进行设计装修，为女性顾客营造一种看得见摸得着的情怀……

做好细节

女性在购物时感受上往往都比较敏感，尤其是在一些细节上，会习惯性地"见微知著"。所以我们一定要在传达某种情怀的基础上为女性顾客送上温暖的关怀，让她们从内心感受到我们的用心。比如我们可以在店内卫生上做到极致，打造超干净的购物环境，消灭卫生死角；在产品包装上做好文章，有时候我们什么都做到位了，但是在包装上不尽如人意，也有可能导致整个交易前功尽弃。一般而言，我们可以为女性顾客选择粉色、淡蓝色等温馨干净的颜色作为包装颜色，在包装造型上要选择讨喜一些的，诸如心形的包装盒、蝴蝶结装饰盒等，这些都能赢取女性顾客好感。

做好女性节日活动

随着社会经济的不断发展，女性越来越多地走上了社会舞台，撑起来半边天。随着女性的崛起，社会上和女性有关的节日也越来越受重视，成为赞美、歌颂女性伟大的重要载体。抓住女人心，我们不妨从这些女性节日入手，做一些走心的活动，诸如文艺会演，送小礼物送祝福，等等。这样的活动会在很大程度上展现我们对女性的尊重之情，会让我们进一步赢得女性顾客群体的好感和信任。

03. 不妨你也试试投其所好

俗话说"顾客就是上帝"，对实体店而言，吸引顾客消费、提高顾客回头率是经营过程中必须重视的问题。在我看来，这个问题其实和我们的人际交往类似，假如我们想要和一个人交朋友，那么我们必须找到一个对方感兴趣的话题，找到对方喜欢的事物，从对方喜欢的角度切入，才能在第一时间吸引对方的关注，获得对方的好感。和顾客打交道

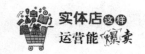

也是这个道理，想要打造有温度的商业，我们不妨也投其所好，从顾客感兴趣的方面入手，拉近彼此心灵上的距离。

赵军的超市几乎成了周边小区居民购物的指定商店，开业三年，生意越来越火。赵军的经营秘诀就是投其所好，尽可能地和顾客交朋友。赵军认为在当前网购大行其道的大背景下，实体超市想要生存下来，并且得到进一步的发展空间，就必须改变传统的"冷漠"经营方式，利用自身和顾客面对面交流的机会，抓住顾客的兴趣，提升商业的温度。

为此赵军专门建立了一个"资料库"，里面记录了经常来店内购物的老顾客们的姓名性别、兴趣喜好以及家庭成员状况等资料。每次店里来了新货，赵军都会在第一时间打电话通知有兴趣的顾客，一来二去，很多老顾客不仅自己在赵军店里采购生活用品，还成了赵军的推销员，向周围的朋友进行推荐。

正阳雅苑的孙大哥是个"铁杆酒民"，每隔几天都会来赵军店里购酒。最近赵军想起有一周时间孙大哥没来店里了，心里面纳闷，便给孙大哥打了一个电话："孙大哥，好长时间没见到你了，最近在忙什么呢？你最爱喝的老白干到货了，我给你留了一瓶呢，有时间来拿吧。"

孙大哥说："好呢，等有时间了我就去。这会儿在医院呢。"听说他在医院，赵军立即问道："在医院做啥，您身体不舒服还是有什么事情？"

孙大哥说："我没事，是我女儿生孩子。"赵军马上说道："哎呀，恭喜恭喜，您这几天可有的忙了，到时候我可要喝你的喜酒呀！"

打完电话，赵军立即在花店订购了一束鲜花，让花店直接送到了医院。孙大哥的女儿收到鲜花的那一刻先是惊讶，看了鲜花上的贺卡，知道是爸爸的朋友送的，非常高兴。孙大哥听说之后也很高兴，之前觉得自己和赵军之间关系并不深，没想到人家竟然这么有心，心里对赵军的感情一下子便深了一层。

一周之后，孙大哥来到赵军的店里，不光拿走了赵军给他留的老白干，而且还为小外孙做满月购买了五箱白酒，两条卷烟。

在我看来，赵军的经营方法无疑是智慧的，和顾客交朋友，投其所好，送人情，是一种长期投资，远比单单卖产品高明得多。一般而言，每个人都有喜欢的事物，自豪的事情，假如我们能够及时、适度地针对顾客所钟爱的事物进行赞美，为其提供相应的产品，那么我们在顾客眼中自然会变得更加有价值，我们的商户也自然更有温度。

在我看来，所谓"投其所好"，可以从兴趣爱好、自尊自豪以及喜庆欢愉三个方面迎合顾客（见图6-2）。

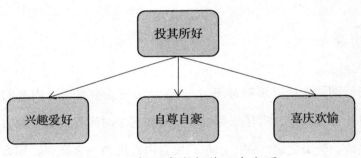

图 6-2　投顾客所好的三个方面

兴趣爱好

实体店可以从顾客的兴趣爱好入手，通过迎合顾客的兴趣喜好来提升自身在顾客眼中的形象，做有温度的商业。这就好比人与人之间的交往，当一方赠送给另一方喜爱的物品时，另一方会"爱屋及乌"，对赠送物品的一方刮目相看。我们在经营过程中，可以建立顾客资料库，分

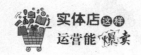

析顾客的兴趣爱好，有针对性地设计产品，进货，和顾客互动。这样一来，我们就能做到投其所好，提升商业的温度。

自尊自豪

人人都有自尊自豪的瞬间，有难以忘记的巅峰时刻，有永记心间的成就感。假如我们能够在和顾客互动过程中有针对性地提及他们特别自尊自豪的经历，表达出赞赏之情，那么顾客就会感到特别自豪。这样一来，我们在顾客眼中也会变得更加"顺眼"和"懂事"，顾客对我们的好感度自然也就大大提升。

喜庆欢愉

正所谓"人逢喜事精神爽"，人在经历喜庆事件时，内心的愉悦会让其看什么都顺眼，听什么都悦耳。假如这个时候我们能够及时地表达祝贺之情、赞美之意、锦上添花，发自内心地为顾客高兴，那么在顾客眼中我们就多了一丝人情味，是值得信任的伙伴，自然就会将我们看作生活中有意义的存在。

04. 感动是一种舍不得离开的体验

兵法有云：攻心为上，攻城为下。对我们而言，只有得到了顾客的心，顾客才会将我们当作最真诚的朋友，将我们视为生活中不可或缺的一部分。如此，我们的生意才会长久，身边的朋友才会越来越多。一条祝福短信，一句电话问候，都会让顾客感到温暖，从而对我们产生一种难以割舍的情怀体验。

实体店想要战胜电商，最关键的一点就是"抓住顾客的心"，这就意味着我们也必须从"围绕商品的战斗"转向"围绕感觉的战斗"。这种感觉的实现途径就是通过提供贴心的服务，走进顾客的心坎中，最终让顾客感动，继而对我们产生一种深刻的好感，一种难以磨灭的忠诚感。

在日本东京都涩谷区，有这样一家餐厅，它藏身于一幢摩天大楼的3楼中，被顾客称为"奇迹餐厅"。虽然"奇迹餐厅"的老板坚持不在电视、报纸等媒体上做广告，广告费必须为零，但是由于顾客的口口相传，"奇迹餐厅"每天的客流依然爆满。据说这家店顾客等待就餐的场景比国内的海底捞还要"疯狂"。

"奇迹餐厅"手中掌握着15万多位顾客的详细信息，包括顾客性别，年龄，爱犬的名字，顾客喜欢旅游还是宅腐，顾客的初恋……这家餐厅的预定接待员"啰唆"得要命，平均1位顾客的预定电话，通话时长有时候甚至超过1个小时。除了上面提到的顾客个人喜好之外，预定接待员还会在电话一端甜甜地问你，为什么预定？哪一位是主宾，有几位随行，每一位的性别和尊姓大名是什么？以及问一些连你自己都觉得不可思议的细节问题。

一位顾客为了纪念和妻子的结婚纪念日，打电话给"奇迹餐厅"预定，对话如下：

顾客：喂，您好，我想在下个月的18日预定两个位子。

预定接待员：您好，请问您预约目的是什么？

顾客：为了庆祝结婚纪念日。

预定接待员：请问您和妻子结婚几周年？

顾客：几年来着？我想想，应该是第 8 年。

预定接待员：请问您和妻子的婚礼是在什么地方举行的？

顾客：哦，是在新宿的一家酒店。

预定接待员：您和妻子有没有最难忘的约会地点？

顾客：哦，这个问题难倒我了，我记得我们第一次约会的地方是横滨的唐人街，求婚的地方是东京的水族馆，最难忘的应该是新婚旅行去的地方了，是中国的上海。

预定接待员：请问您妻子出生在什么地方？

顾客：这个也要问么？

……

顾客预定的意向确定之后，餐厅会立即展开行动，为顾客准备"感动得流泪的极致服务"。在每天营业之前，餐厅店长、店员、传菜员、服务员、厨师们至少要开上 2 个小时的会议，对预定接待员记录下来的顾客预定信息逐条进行分析，查漏补缺，确保充分了解当天进店顾客的喜好，给顾客提供超越期待的惊喜。

所以，进入这家餐厅的顾客便会有一次次人生难忘的瞬间，有的顾客在用餐的时候看到了印有自己名字的手工缝制的手绢，有的顾客在点餐的时候某一道菜被服务员建议"鉴于您最近如何如何，您可以改成什么什么"，有的顾客则突然看到面前的咖啡杯里面用奶油手绘的和爱人第一次约会的日期或者地点，有的顾客则在生日当天收到了店员的鲜花和祝福……这样的感动让顾客尖叫，甚至留下了幸福的泪水。

在实际经营过程中，我们可以从哪些方面入手去感动顾客呢？

提供走心的产品和服务

对实体店而言，想要感动顾客，做好产品和服务是最基本的一个方面，也是最重要的一点。我们需要在产品上进行创新，在服务上进行提升，使它们最大限度地契合顾客的需求，愉悦顾客的内心。也就是说，我们的产品和服务要"走心"，要用心，要习惯站在顾客的角度思考，处处为顾客着想，处处透露出服务顾客、愉悦顾客的设计。(见图6-3所示)

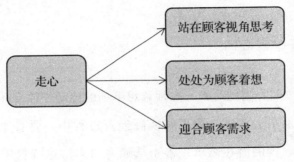

图 6-3　走心的三个表现

推动情感上的交流和共鸣

人是情感性的动物，想要让顾客感动，情感上的交流是必不可少的。我们可以借助 QQ 群、微信群等平台将老顾客聚集在一起，通过贴心话题进行经常性互动；可以有规律地组织一些线下活动，诸如品尝会、试用会、培训课等，在面对面的交流中培养情感；可以时常赠送一些小礼物，或在价格上做一些让利，以"人情"换"感情"……总之，通过

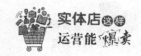

情感上的交流，引发顾客的共鸣，才能让顾客感动、难忘。情感互动的两个表现见图6-4所示：

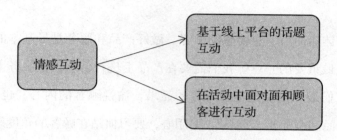

图 6-4　情感互动的两个表现

用惊喜撬开顾客心门

当惊喜突然降临的时候，那种意想不到的感动往往会在人的内心深处留下不可磨灭的印记。我们在实际经营过程中，要有"惊喜思维"，要善于发现顾客的潜在需求，善于从顾客诸多信息资料中发现潜在的"惊喜点"，善于从顾客的喜好入手取悦顾客……如此一来，我们才能制造出惊喜，才会一步步感动顾客。制造惊喜点的三个方法见图6-5：

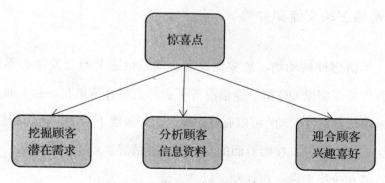

图 6-5　制造惊喜点的三个方法

05. 美也好，丑也罢，让顾客自己做选择

顾客是上帝，这句话很多实体店经营者都知道，但是很多实体店在经营过程中却并没有给予上帝应有的权利，最重要的一种表现是给予顾客的选择很少，有些实体店甚至会抹杀顾客选择的余地，"强迫"顾客去购买特定的产品。试想一下，在这样的购物环境中，顾客对我们又如何会产生好感继而感受到温度呢？

在我看来，给予顾客选择的权利是对顾客最大的尊重，也是实体店打造温度、培育温情的有效方法。很多时候，顾客的选择在我们的眼中也许很"美丽"，也许很"丑陋"，但这却不是我们否定顾客选择权利的理由。有温情的实体店会尊重顾客的选择，尊重顾客的个性，满足顾客多样化的需求。

在我们学校的附近开了好几家的豆浆店，几年下来，大部分店家的生意都起起落落，时好时坏，但是唯独一家生意一直都很兴旺，每天早晨门前都会排起长队，就好像大家不约而同地达成了这样一个约定：非这家店的豆浆油条就不吃早餐。

为什么这家豆浆店能够与众不同，获得客户如此高的忠诚度呢？带着这个疑问，经过仔细观察我发现了这家店生意"长青"的秘密。一般而言，人们在喝豆浆的时候喜欢往里面加糖，这样豆浆喝起来才可口，一般豆浆店只为顾客提供白糖，但是这家豆浆店却给了顾客更多的选择权利——为顾客提供了三种不同的糖：第一种是白糖，和其他几家豆浆

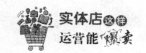

店提供的并没有什么差别；第二种是有滋养喉咙、保护声带功用的蔗糖，店老板之所以准备这种糖，是因为学校的老师上课用嗓子，为他们贴心准备的；第三种糖更贴心，由于学生是豆浆店主流顾客群，而学生的好奇心比较强，喜欢新奇的东西，所以店老板便针对学生群体的特性准备了黑糖，豆浆里加入黑糖，变得黑黑的，看起来别有一番滋味，学生们为这种豆浆起了一个绰号——"巧克力豆浆"。

除此之外，这家豆浆店对顾客还特别热心，不管是老板还是服务员，对常客的姓名都能熟记于心，每一次顾客光顾用餐的时候他们都会亲切地打招呼，同时还会准备一些赠品。比如为老顾客准备一些豆皮，将轧豆浆剩下的豆渣送给老人，并且教他们带回去用酸菜煎炒，做成一道可口又下饭的佳肴。

顾客进店选择多，又有礼物拿，感受着店里每一个人传递出来的满心的善意和尊重，这样的实体店生意又怎么能不红火呢？因为顾客走进店内，就感受到了温情，"选择＋礼物"的经营理念，最大限度地拉近了店家和顾客心灵间的距离，会令顾客对店家产生浓浓的好感和信任，继而产生忠诚感。

现在的顾客真正追求的都是能提供超越自身期望的有温度的产品和服务，对实体店而言，在经营过程中要做好这一点，不仅提供顾客需要和喜爱的产品，还需要给予顾客更多的选择权利，用亲切、额外的服务让顾客产生共鸣和感动。顾客选择的权利大了，感动了，那么他们对我们自然也就有了更大的好感，会产生更加明显的忠诚感。

那么我们在经营中如何通过给予顾客更多选择来给予顾客更多的感动呢？

尽可能丰富产品板块

对实体店而言，想要给予顾客更多选择的权利，产品是绕不开的一道坎。顾客来实体店的主要目的是购买产品，产品的选项多了，顾客所拥有的选择权利自然就多了。为此我们需要尽可能多地对产品进行模块化设计，使得产品本身就具备多选属性，能够根据顾客的具体需求进行功能或外形上的组合配置，实现完美变身。产品模块分类见图 6-6：

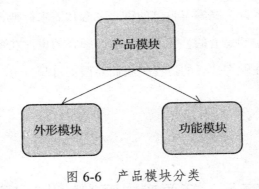

图 6-6　产品模块分类

开辟新的选择领域

实体店想要给予顾客更多的选择，就不能局限于常规，而是应该另辟蹊径，开辟新的选择领域。要知道常规的选择大家都在用，对顾客而言已经见怪不怪，假如我们在经营过程中依然坚持常规，给予顾客的选择都是别人有的，那么我们推出的选择在顾客眼中就没有丝毫的特色，自然也就不会引发顾客的关注，更不会引发顾客好感，令顾客感动了。

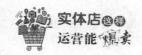

对顾客而言，好的选择首先应该是新的，具有创新性的，或者符合人们的潮流需求，或者迎合人们的个性，或者适应人们的审美发展。

做顾客选择的参谋官而非司令官

我们向顾客提供选择，在这个过程中，顾客是中心，我们仅仅是参谋。有时候顾客由于各种因素难以做出选择，我们可以提出自己的建议，帮助顾客了解各种选择的优劣，但是我们最好不要越俎代庖，代替顾客做出选择。因为顾客有自己的审美观念和需求标准，我们认为美的可能在顾客眼中却是丑的，我们认为适合顾客的也许在顾客眼中却是多余的。所以，在顾客选择的过程中我们要摆正自身身份，做参谋官，不做司令官。

06. 不仅卖商品，还要变成顾客的生活顾问

世界著名汽车推销员乔·吉拉德曾经这样总结自己的成功经验："其实我真正卖的第一名的产品不是汽车，而是我自己——乔·吉拉德。以前如此，未来也是如此。"很多实体店觉得自身卖的是产品，但实际上，真正销售的不是产品，而是实体店本身，顾客购买的也不仅仅是实体店的产品，而是店里的服务精神和态度，是店里给予自己生活的一种指导，一种提升。

在我看来，传统的商业本质上是一种利益交换关系，一手交钱，一

手交货，完成交易之后买家和卖家之间就没有什么联系了，很可能从此就是路人甲和乙。也就是说，传统的商业模式在温度上是冷冰冰的，买卖双方几乎不存在情感上的沟通交流。所以当电商兴起之后，传统商业的冰冷无法有效地"粘住"顾客，最终导致大量顾客流失，在经营上陷入困境。

所以现阶段，实体店要想在同电商的竞争中扭转局面，获得优势，就需要改变自身同顾客之间冷冰冰的关系。很多店家觉得自己和顾客之间就是一种纯粹的买卖关系，这种观点从表面上看并没有什么错误，但是从营销视角而言却是大错特错的，这就好比让一个人在陌生人和熟人之间做出选择，那么这个人百分百会选择向熟人购买。同样的道理，实体店不仅仅要卖产品，还需要输出情感，努力让自己融入顾客的生活中，将自身包装成顾客的生活顾问，成为顾客生活中不可或缺的一部分，如此，实体店在顾客心中才会占据重要位置，成为顾客购物的首选。

在我的理解中，有温度的商业就是让顾客感动，让顾客舍不得离开。对一家实体店而言，面向顾客售卖的不仅仅只有货架上的商品，还应该包括店主和店内的所有员工，当店内的每一个人都能想方设法感动顾客时，那么在顾客眼中，这家实体店自然也就有了温度，有了好感，有了信任，必然会在之后的时间提升在实体店内逗留的时间和消费的次数。

感动是一种站在顾客角度真心实意为顾客着想的态度，是一种情感上的亲近。假如我们在同顾客打交道的过程中，能够做到这一点，那么我们就会在温暖顾客的同时，在顾客内心深处留下我们的形象烙印，成为顾客消费时的首选。

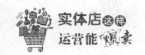
有一位女士来到一家五金店，用比较犹豫的口气对店主说要买一把电钻。五金店的老板察言观色，并没有将电钻卖出去了事，而是详细耐心地询问那位女士，想要弄清楚她的真实需求。原来那位女士之前没和电钻发生过任何"交集"，只是因为家里装修的原因，需要在墙上钻一个洞。了解到女士的真实需求之后，五金店老板便提议将电钻借给她使用。

之后经过进一步询问，五金店老板又发现这位女士是想在钻出来的小洞中塞进一截楔子，而凭借着多年的经验，知道一个固定的螺栓其实比钻洞更方便实用。最终，五金店老板卖给了那位女士一些螺栓，帮助那位女士真正解决了问题。

后来那位女士便成了这家五金店的常客，而且不仅仅自己购买，在朋友有需求的时候，她也会热心地将他们推荐到这家店里，老板也因此多了不少回头客。

这位五金店老板在顾客进店之后，能够了解顾客遇到的问题、提供解决问题的方法直至帮助顾客彻底解决问题，这个过程并不是单纯地卖商品，仅仅是一种生意上的买卖关系，而是介入到顾客的生活，成了顾客值得信赖的生活顾问。正是因为这个原因，五金店在顾客心中有了温度，获得了更多的推荐，有了众多的回头客。

那么我们应该从哪些方面入手，变身为顾客的生活顾问呢？

了解顾客的真正目的和需求

在"顾客要什么就提供什么"之外，我们还需要了解顾客的真正目的，搞清楚他们的真正需求。很多时候，顾客在购买产品的时候往往会带有某种盲目性和冲动型，导致所购买的产品和自身的实际需求匹配不当。所以想要我们的店有温度，那么我们首先要做的就是搞清楚顾客的真实需求，然后在此基础上向客户推荐最适合他们的产品。

提供最适合顾客的解决方案

推荐最适合顾客要求的产品，只是建立在顾客原本认知基础上的一种解决方案。很多时候，顾客由于在专业知识和技能上的不足，所想出来的方法可能并不是最好最高效的。这个时候我们就需要向顾客推荐解决问题的最好方案，帮顾客尽可能地节省时间和资源上的投入，让顾客又快又好地解决所面临的问题。如此，顾客才会意识到我们不是在单纯售卖产品，而是真心实意地为他们解决问题，他们才会变成我们的老顾客，才会积极地向身边的亲友推荐我们的店铺。

第七章
牢牢抓住顾客的兴趣点，引导顾客跟着你的思维走

做生意，就好比一个谈恋爱的过程，让顾客找到你，了解你，爱上你。这说起来容易，执行起来就复杂了，因为只要与顾客心理相关的，都会影响到他们的购买决策。所以，要想提升门店销售业绩，就要摸透顾客的心理，牢牢抓住顾客的兴趣点，让顾客跟着你的思维走！

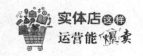

01. 真心想买货，才会嫌货

美国著名销售大师汤姆·霍普金斯把顾客的异议比作金子："一旦遇到异议，优秀的销售员会意识到，他已经到达了金矿；当他开始听到不同意见时，他就是在挖金子了；只有得不到任何不同意见时，他才真正感到担忧，因为没有异议的人一般不会认真地考虑购买。"

著名作家林清玄在《嫌货才是买货人》中写了这样一个小故事：有一次到水果市场，在一个熟识的水果小摊贩前遇到了一位难缠的客人。这位客人拿起水果左看右看，说："这水果这么烂，一斤也要卖50元吗？"小贩说："我这水果不错的。不然你去别家比较比较。""一斤40元，不然我不买。"客人回答道。小贩还是微笑着说："先生，我一斤卖你40元，对刚刚向我买的人怎么交代呢？""可是你的水果这么烂。""不会的，如果是很完美的，一斤可能要卖100元了。"小贩依然微笑着，而且和第一次的微笑一样亲切。客人虽然嫌东嫌西，最后还是以50元一斤买了。那位客人走后，小贩笑着对作者说："嫌货才是买货人呀。"

"嫌货才是买货人"，在我看来，这句话不仅适用于水果市场上的水果小贩和顾客，同样也适用于各行各业的实体店和顾客，在和顾客打交道的时候，面对顾客的挑剔，我们同样需要保持一种耐心，一种微笑，甚至是一种敬畏。

很多实体店经营者却看不透这个道理，对顾客的意见往往不胜其烦，总是认为自己店里的商品已经足够好，自己的工作已经非常到位，而顾客总是"鸡蛋里面挑骨头"。在这种心理支配下，这些经营者不但对顾客的意见不理不睬，有时候反而会"倒打一耙"，将顾客一军，让顾客尴尬不已，下不来台。这种方法是非常错误的，实体店想要在电商的竞争下生存下来，并且活得越来越滋润，就必须做好顾客接待，去迎合顾客，而不是去怼顾客。顾客之所以对我们的产品有意见，挑挑拣拣，正说明他们重视产品，对产品有深入了解的兴趣。顾客有了兴趣，才会认真地进行思考，思考后必然会提出更多的问题和异议。

所以，假如顾客开始对我们的产品表示异议，就意味着他（她）在内心深处已经有了购买的念头了。假如一个顾客对我们的产品看了半天却一点意见都没有，那么只能说明这个顾客没有什么购买的欲望。也就说，那些嫌七嫌八的人，才是我们真正的"衣食父母"，我们怎么能对掏钱的人不满呢？所以我们更应该善待这样的顾客，要拿出十二分的耐心和这类顾客进行互动。

对实体店经营者而言，面对顾客的挑剔甚至是指责，能够不生气，不反唇相讥，这是获取顾客好感、抓住顾客的一个重要前提。面对顾客的挑剔和指责，我们要微笑回应，该解释的解释，该改进的改进，该反馈的反馈，如此，我们才能让顾客感受到我们发自内心的尊重之情，顾客才会理解我们，信任我们，主动推荐我们。

管理学家余世维先生对此也深有体会，他曾经讲过自己亲历的一个故事：有一次他入住深圳威尼斯酒店，洗浴的时候感觉浴室的莲蓬头出水小了些，所以出去公干的时候在酒店的客房维修卡片上写出了意见。当天晚上一回来，他就发现桌上有张回条：尊敬的余先生，您房间的莲蓬头已经修好，今天晚上一定可以洗个舒服的热水澡。这个细节让余世维先生非常满意，觉得这家酒店很适合自己。后来他住进深圳的另一家

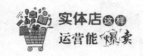

酒店，感觉酒店提供的饭菜不可口，于是就给经理留了意见函。但是让余世维先生没想到的是，收到的回函却一味地陈述厨师是新来的等客观理由，还说将予以"研究"云云，字里行间弥漫着一种官腔，之后饭菜口味依旧，没有丝毫改变。余世维说他此后再也没有踏进过那家酒店。

嫌货才是买货人，但是对实体店经营者而言，想要说服这样的顾客，抓住他们的"牛鼻子"，也往往意味着要投入更大的精力来促成交易。面对这样的顾客，我们要如何引导他们的需求从而促成交易呢？在我看来，采用"先跟后带"的策略是不错的选择。

跟

所谓"跟"，我们可以从两个方面进行解读，见图 7-1：

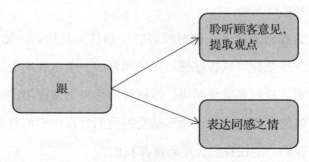

图 7-1 "跟"住顾客

一方面我们要聆听顾客的意见，提取他们的观点。顾客挑剔的是产品哪方面的问题？是外形还是功能？这个问题要搞清楚，弄明白。做好这一点，我们才能对顾客的意见有一个宏观把握，做到知己知彼。

另一方面，我们要表达出同感之情，附和顾客的意见。客户对产品或者服务提出了异议，我们最好不要反驳，更不能去"怼"。我们要做的是去肯定顾客，从而让对方感受到我们的尊重和重视，这样一来，顾客才会自由、轻松地表达疑虑，才会对我们生出好感。

带

所谓带，我们可以从三个方面进行阐释：厘清重点，说明情况，促进行动。（见图 7-2 ）

厘清问题：我们首先要和顾客厘清问题，确认顾客言语中想要表达的问题，弄清楚顾客对产品真正的异议是什么。

说明情况：厘清问题之后，我们要针对顾客对产品的异议逐步逐条解决，从而逐渐打消顾客对产品的疑虑，引导顾客进一步了解产品，认可产品。

促进行动：在解决客户异议之后，我们需要立即提出成交请求，引导顾客的行动，促进达成最终交易。

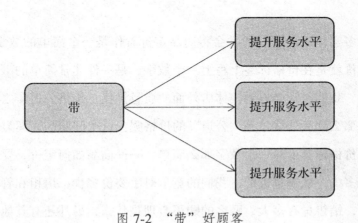

图 7-2 "带"好顾客

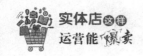

总之，顾客在考察产品的过程中提出异议是一种积极的购买信号，对待这类顾客，我们要表现出足够的耐心，要立即重视起来，回应顾客的异议。更重要的是，在回应顾客异议的基础上，我们要做好引导，用好方法，促成最终的交易。

02. 定价不仅仅是一个简单的数学问题

为什么现阶段在同电商的竞争中，实体店是处于劣势的一方？在我看来，这个问题的答案很简单，可以用两个字来回答——价格。电商之所以能够在现阶段风生水起，将实体店打压得"抬不起头来"，最主要的一个原因就在于其产品价格相对于实体店内售卖的产品价格低，有竞争优势。也就是说，实体店想要在电商冲击的情况下站稳脚跟，并且逆势而起，必须做好商品定价，以期在最大程度上抵消电商的价格优势。

很多实体店经营者通常会将商品定价看作是一个简单的数学问题，认为定价就是在价格标签上写上一个数字，是一件非常简单的事情。其实不然，我们经常会看到实体店外面"质量优良、价格公道"之类的广告语，那么到底什么才是"公道"的价格呢？这个问题的答案显然不是随便在价格标签上写一个数字那么简单。一件商品如何定价，要看进货价格是多少，从哪里进的，我们的竞争对手要价多少，房租和管理费用是多少，销售量有多大，顾客的购买心理是什么，另外还有其他很多变量，都会对商品定价产生影响。

位于昆明的一家珠宝店，专门经营由少数民族手工制成的珠宝首饰，因为游客众多，周边高档社区多，所以生意一直比较稳定。有一次珠宝店老板进了一批手镯、耳环和项链，主要由珍珠质宝石和银制作而成。和典型的绿松石造型的青绿色调不同的是，珍珠质宝石的颜色是粉红色，略带大理石花纹。

　　和之前的进货相比，老板觉得这批珍珠质宝石制成的首饰进价还算合理，他对这批首饰比较满意，质地比较独特，销售起来应该也会比较紧俏。在进价的基础上，老板加上其他相关的费用和珠宝行业平均水平的利润，为这些首饰定了一个价格。老板觉得这个价格对顾客而言应该是比较合理的，肯定能够让顾客觉得物有所值。

　　但是没想到的是，这批珠宝首饰在店内摆放了一个月后，销售统计报表却显示总体销售情况很不好，这个销售成绩让老板很失望。不过老板想了想，认为之所以出现这样的问题，问题并不在首饰本身，而是出在营销环节，肯定是营销上的某个环节没做好。于是珠宝店老板便决定试一下刚学到的几种营销策略，比如他将那批珠宝首饰装入了玻璃展示箱，将箱子摆放在店门口的右侧，因为顾客往往对位置突出的商品兴趣更大。但是让老板失望的是，位置上的改变依然没能令那批珠宝首饰火爆起来，销售情况依然没有什么起色。

　　经过仔细思考之后，老板认为应该在员工身上下功夫。在一周一次的见面会上，老板建议销售小姐要将更多的精力投放在这批珍珠质珠宝首饰上，加大推销力度，并且专门安排了一位销售小姐负责这批首饰的销售工作。老板不仅为大家详细地描述了珍珠质宝石的特点，还给她们每个人发了一篇简短的介绍性文章，方便大家更加准确地向顾客讲述珍珠质宝石首饰的特点。但是最终这个办法也没成功，顾客大都看的多买

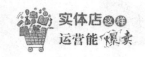

的少。

后来珠宝店老板准备外出选购产品，因为对这批珍珠质宝石首饰销售状态非常失望，他对未来销售前景也失去了信心，急于减少库存以便给新的首饰腾出地方存放。于是若板下了一个重大的决定，将这批珍珠宝石首饰半价抛售。离开之前，老板给副经理匆忙留下了一张字条，写道："调整一下那些珍珠质宝石首饰的价格，所有的都 × 1/2"。

当珠宝店老板回来之后，他惊喜地发现那批珍珠质珠宝首饰竟然已经销售一空。见到老板，副经理说道："我真的不明白，这究竟是怎么一回事，我们之前的那个价格卖不出去，但是提价之后出售速度却很快。"老板不解地问道："什么提价？我留的字条上不是说价格减半么？""减半？"副经理吃惊地问道："我看了之后认为字条上写的是将珍珠质宝石首饰的价格都按双倍提价。"

结果就出现了这一喜剧效果：副经理将那批之前一直卖不出的珍珠质珠宝首饰价格增加了一倍而不是减半，仅仅几天就全部卖出去了。

为什么会出现这一喜剧性的结果？答案就在于顾客的买贵心理，特别是针对宝石首饰这种产品，在顾客心中永远都是"价格越高才越好"。从中我们可以看出，好的定价策略并不是一味低价，而是让顾客认为店内的商品物有所值，符合顾客对商品的预期价格。

在商品定价时，综合各种因素，我们可以采用下面三个定价方法：

成本导向定价法

这种定价方法就是以商品成本为出发点，保证商品价格能涵盖生产成本，并且能赚取到合理的利润。商品的成本一般包括三个方面：固定成本（产品生产成本或进货价格）、管理成本（人工、房租、水、电、暖等费用）、税。基于此，成本导向定价公式为：

价格＝固定成本＋管理费用＋税＋利润。

需求导向定价法

这种定价方法是以顾客的需求为出发点，根据顾客的需求来确定商品的价格，又可以分为理解价值定价法和需求差异定价法。

理解价值定价法：顾客对一种商品的价值有着自己的判断预期，所以很少有人花一万块去买一双竹筷，也不会掏10块钱去珠宝店购买一枚钻戒。理解价值定价法就是基于顾客对商品价值的判断来定价的。

需求差异定价法：也就是通常所说的价格歧视，主要根据不同的时间、地点、用户、产品、流转环节、交易条件上的不同来制定不同的价格。实行需求差异定价法必须具备四个方面的条件，否则不仅达不到差别定价的目的，还会产生副作用。

1. 从顾客方面而言，他们对商品的需求要有明显的差异，需求弹性不同，市场能够细分，不会因为差别价格而引发顾客的反感。

2. 从实体店方面看，实行不同价格的总销售额要高于同一价格的销售额。

3. 从商品方面看，各个市场之间应该是分割的，低价市场的产品无法向高价市场转移。

4. 从竞争状况而言，各店无法在高价市场进行价格竞争。

需求差异化定价法的条件见图7-3：

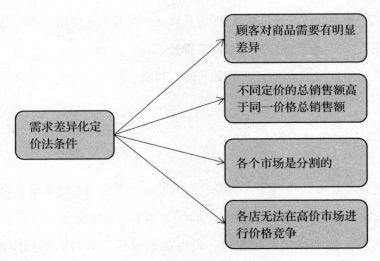

图 7-3 需求差异化定价法条件

竞争导向定价法

这种定价方法也称为"随行就市定价法"。在一个充分竞争的市场环境中，我们基本上不可能获得比竞争对手更大的利润，基于此，我们干脆就随行就市，看看别人挣多少我们就挣多少，在定价上参考竞争对手同类商品的价格。

03. 让顾客感觉便宜，不如让顾客感觉占便宜

爱占便宜是人性的一大特点，几乎每个人都曾经幻想过得到一份"免费的午餐"，能够少花钱多购物，甚至不花钱就能得到自己心仪的商

品。所以实体店想要牢牢抓住顾客，就要利用好顾客这种占小便宜的心理，让顾客进店之后感觉自己占了便宜，获得了实实在在的利益。试想一下，给予顾客这种感觉的实体店，在顾客心目中是不是会好感大增，之后成为顾客频频光顾"占便宜"的首选？

周乐开了一家电子产品专卖店，和其他在电商冲击下苟延残喘的电子产品店不同，周乐的店自从开业后，生意就"芝麻开花节节高"，仿佛无处不在的电商冲击是另外一个世界的事情一样。

为什么周乐的电子产品专卖店能够逆势而上呢？在周乐看来，最根本的一个秘诀是抓住顾客贪小便宜的心理，给予顾客一种占了便宜的心理，让顾客开心、满足。

为此周乐在店面布置上下了很大的功夫，他的店里除了各式各样的电子产品之外，还陈列着其他看似无关的物品：有咸蛋超人、变形金刚之类的儿童玩具，有飞机、动车、航母之类的模型，有靠枕、竹椅之类的家具用品，还有很多小工艺品，等等。店里摆放的物件非常多，看起来拥挤杂乱，这种布局对一家电子产品专卖店而言，显得有点不伦不类、不务正业。

一次，有位顾客到店里购买 MP4，周乐热情服务，经过一番"较量"后，顾客感觉有些累了，就坐在沙发上休息，周乐赶紧端上一杯茶。顾客品尝了一口，发现茶的味道非常好，便忍不住问道："这是什么茶叶？"

周乐并没有直接回答，而是拿出了一包茶叶慷慨地放到顾客跟前的茶几上，表示赠送给顾客，让他拿回家慢慢喝。顾客意外地得到了一包茶叶，之前要和周乐在价格上"战斗到底"的表情一下子就消失了，取而代之的是满脸的喜悦，并且十分爽快地交了款，买下了一款 MP4。其

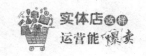

实周乐早就买好了很多茶叶存在店里，作为贿赂顾客的小礼物，为的就是满足顾客占小便宜的心理，让顾客收获一种"买一赠一"的愉悦感。

假如顾客带着孩子，那么周乐能送的东西就更多了，店里的那些小玩具就是专门为孩子们准备的。但是周乐并不会主动送顾客东西，而是在顾客对店内的某样东西表示出好感提出要求时，才会非常"慷慨"地送给客户，这样顾客就会在内心中觉得自己占了一个大便宜，觉得这个店主真不错。

事实上，很多顾客在购买电子产品后，都会好奇地参观店里摆放的小物件，询问能不能送点什么给他们。因为这些顾客觉得自己在周乐店里购买了产品，做了一笔"大买卖"，总得有点什么东西赠送吧？

周乐就是利用人们的这种想占小便宜的心理，故意不说店里的那些小物件都是赠品，而是在顾客提出赠送要求之后才装作很"慷慨"的样子将之赠送给顾客。这样一来，顾客自然就会收获一份大大的惊喜，感觉自己占了大便宜，收获了一种发自内心的愉悦感和满足感。

在我看来，周乐经营实体店的这种思路是非常有智慧的，充分利用了顾客喜欢占小便宜的心理，使得顾客非常爽快并且十分开心地成交。顾客占了小便宜，周乐的生意也因此越来越红火，获得了更多的利润，这种对顾客心理精准把握而牵住"牛鼻子"的经营方法非常值得我们思考和借鉴。

实体店在经营过程中，可以通过优惠打折、免费送货、赠品、附加服务等诸多"小便宜"来吸引顾客，让客户感受到占了便宜之后的愉悦，这样一来，我们的店铺在顾客眼中也就成了"香饽饽"，他们自然喜欢有事没事到店里逛逛，有购物需求的时第一时间想起的也是我们。

让顾客感觉便宜，不如让顾客觉得占了便宜，说得正是这个意思。那么在实际经营过程中，我们如何才能让顾客心中"占了便宜"的感觉更加真实呢？需要注意什么问题呢？

杜绝理所当然，要让顾客意识到自己占了便宜

不管是赠送小礼物，还是附加额外服务，我们都不能在顾客心目中留下"这是你应该得到的""这是你理所当然的"之类的印象，假如我们给了顾客这种印象，那么顾客内心中就不会生成占了便宜的感觉，那么对我们自然也不会生出特别的好感。我们可以被动式地响应顾客的要求，在顾客对某些事物表现出兴趣或者提出具体要求时给予回应，而且在这个过程中要表现出"慷慨""为难""吃亏"等情绪，以此放大顾客占了便宜的心理。（见图7-4）

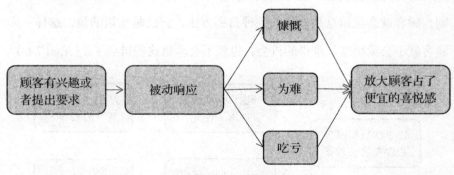

图 7-4　让顾客感觉自己占了便宜

投其所好

虽然人们都有占便宜的心理，但这并不意味着是便宜就会占。一般而言，人们只会对自己感兴趣的便宜动心，念念不忘，在得了便宜的时

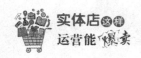

候才会更激动、更喜悦。所以我们在设计"小便宜"的时候就需要认真揣摩顾客的喜好，力求让"便宜"对顾客的胃口，让顾客觉得走了大运。（见图7-5）

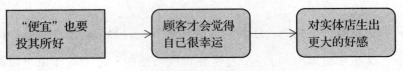

图 7-5　投其所好获得顾客好感

优惠策略不能太频繁

很多人习惯用优惠吸引顾客，用一定程度的折扣让顾客觉得自己购买的话肯定会占便宜。这种方法虽然效果不错，但是却不能频繁使用，否则，顾客就会觉得这是商家的一种营销方法，自己是咬饵的鱼，这样一来顾客就不会觉得这是难得的机会，也就不会珍惜这些机会了。（见图7-6）

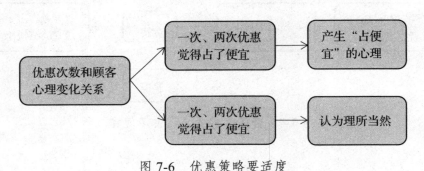

图 7-6　优惠策略要适度

打断顾客占大便宜的想法

有时候，我们会遇到一些得寸进尺的顾客，他们在占了小便宜之后还不满足，还想从我们这里占大便宜。当我们遇到这类顾客时，最好马上打断他们这种不切实际的想法，我们可以告诉他们："店里有规定，我不能这样做。"或者直接对顾客说明我们不能再降价或者送出礼物的理由。当然，我们在说话的时候语气要柔中带刚，要尽量让顾客理解我们和店里的苦衷。

04. 定制，让顾客张扬个性

现阶段，随着社会经济的不断发展，人们生活水平的不断提升，质量和价格已经不再是人们选择产品的唯一决定因素。之前，人们在购买产品时一看质量，二看价格，在质量差距不大的前提下，价格往往会成为人们选择产品的决定性因素——谁的价格低，就购买谁的产品。也正是因为这一点，电商才会对实体店造成巨大冲击，俘获众多顾客的芳心。但是随着人们手中能够支配社会财富的不断增加，人们对产品质量和价格的重视程度开始下降，对个性张扬的重视程度变得越来越高。

我认为，顾客在购买过程中表现出来的这种倾向，对实体店而言正是一大利好，假如实体店经营者能够有效地利用好这种转变，那么就能在与电商竞争过程中站稳脚跟，并且后来居上，全面扭转自身在产品价格竞争中表现出来的劣势。

我的一位"80后"朋友刘静，经营着一家时装店，面对电商的激烈竞争，她很精准地抓住了服装"定制"这个风口，决定从之前的销售尾货模式慢慢转型，在店内专门开辟出一个"私人定制服装"柜台，做顾

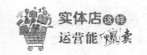

客张扬个性的顾问。

在刘静看来，一套无论型号多么标准、品质多么好、牌子多么大的成品服装，因为并非是量身定制的，所以穿起来总会有一些细节让人不甚满意。另外，随着社会经济的不断发展，服装所承载的功能已经从传统的遮体、保暖发展为张扬个性，传统的那种规规矩矩的服装自然也就成了人们眼中的"古董"。每个人心里都希望自己有一套有品位的服装，既要穿着舒服，又要有一种高端、大气的感觉，或让自己看起来个性十足，成功惊艳一路人。

刘静对此深有感触，在她的生活圈子里，这类都市白领、城市新贵并不少，而且在衣着上非常讲究，要求衣服既要有品位，还需有个性。这类人经济能力比较强，平时购买的服装价位在 2000 ~ 10000 元之间，甚至三五万，或者十几万，也有能力承受。

所以刘静便将自己的"私人定制"业务瞄准了这类人群，这项业务仅仅推出半个多月，就有一百多位顾客预约，特别是一些欧美人士，对刘静的"私人定制"服装青睐有加，认为"量身定做的服装值得尊重"。

任何一位顾客进入刘静的服装店，经过量身，所有的数据就进入到了店后的服装制作工厂的电脑库，再经过个性化塑造和试穿，最终制作出一套让顾客满意的服装。针对每一个顾客的脸型、身体、职业，甚至还会为顾客拍摄头部以下的正侧面照片，供工厂方面做衣服参考。另外，定制的衣服，从面料到款式，都体现了量身定制的细节。其中在高端面料方面，刘静特别精选了意大利、澳洲等珍贵的羊毛为原料，原料中含有超细小羊驼绒，其柔软和弹性程度远远超过羊绒。

一件定制的服装一般一周之内就可以送到顾客手中，而且只要顾客定制过一次衣服，他的资料就将被保存下来，下次顾客即使不到店里，

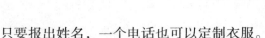

只要报出姓名，一个电话也可以定制衣服。

"比如一件定制的西服，从选料到最终完成，需要经过上百道工序，手工缝制上万个针脚。这样的服装对顾客而言是独一无二的，穿在身上绝对超有感觉！"刘静自豪地说道。

刘静的服装店为什么能越做越好？我认为最关键的一点还是在于"私人定制"业务契合了顾客张扬个性、追求品位的着装要求。电商的服装虽然价格便宜，却并不适合都市多金顾客在个性化和品质化上的需求。

那么实体店推行"定制"产品的时候，需要从哪些方面入手？需要注意什么问题呢？

重点锁定高收入顾客群体

对实体店而言，推出"产品定制"，应当将目标顾客群体锁定在经济实力比较强的顾客群体身上。根据马洛斯的需求理论，人们的经济实力越强，收入越高，对个性化、品质化的产品需求就越大。所以实体店在定制产品选择上要有重点，应当尽量选择价值比较高的产品作为定制对象，吸引都市白领和成功商业人士，打造个性化、品质化定制品牌。（见图 7-7）而大众化的产品，诸如肥皂、牙刷、油、盐、酱、醋之类，人们对其需求则主要集中于功能，并不适合"定制化"。

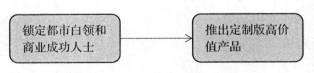

图 7-7　锁定高收入顾客群体

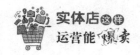

为定制贴上特定标签

既然是定制产品，那么相对于大众化产品肯定存在着不一样的地方——它们更有个性，更有品质，更适合特定的顾客群体。基于此，实体店在推出定制产品过程中要集中资源来凸显定制产品的这种与众不同的特定，为他们贴上特有的标签：品质、个性、时尚、潮流、趣味、青春、成功、尊贵、典雅……这样一来，标签化的产品对某一顾客群体势必会更具吸引力，更具魅力。（见图7-8）

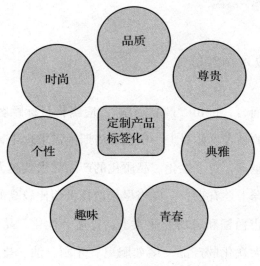

图 7-8　定制产品标签化

尽可能缩短交货时间

既然是定制产品，那么顾客在下单之后可能当场取不了货，这就在一定程度上降低了顾客的消费体验满意度。毕竟实体店相对于电商一大优势就是"一手交钱，一手交货"，假如定制产品所需时间比较长，那么对实体店而言显然是非常不利的。所以实体店需要不断地改善定制的流程，提升定制产品的生产效率，力求在最短的时间将定制产品交到顾客手中。（见图 7-9）

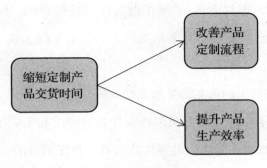

图 7-9　缩短定制产品交货时间

05. 催促顾客买，不如暗示产品紧俏

　　很多时候，我们在生活中会遇到这种情况：越是得不到的东西，越想得到，甚至念念不忘、辗转难眠。其实这种心理在实体店经营过程中假如利用得好，那么就能有效地促成交易——产品销售越紧俏，那么意味着别人对这种产品越认可，在从众心理的支配下，人们就越想得到这种产品。

　　其实在我看来，紧俏的产品能够更大限度地勾起人们的购买欲望，除了从众心理以外，还和对比效应有很大关系。正所谓"有比较才有鉴别""不比不知道，一比吓一跳"，这些话充分表明比较在人们生活中的

普遍性和重要性。世界上万物都不是孤立存在的，假如没有比较，那么就没有美和丑的区别，没有光明和黑暗的差别。也就是说，只有进行比较，才能使不同事物的特点更加突出。产品销售紧俏，其实就包含了一种比较：卖得好和销售一般产品间的无形对比。

有一次，我被邀请为一个实体店主培训项目做报告，休息期间有位王先生找到我，想我诉苦："现在做实体经济挺难的，顾客进店之后，东瞧瞧，西看看，就是不肯下单掏钱……"末了问了我一个问题："怎么才能让顾客下单掏钱呢？"

我问："你店里的商品都是怎么摆放的？"

王先生听了一愣，搞不明白我为什么突然问起来店里的商品陈设。他掏出手机，找出一张店内的照片让我看。我仔细看了一下，发现王先生店里的化妆品商品摆放得非常整齐，陈设上讲究"不多不少"，每个品牌商品的陈列数量都是 5 个。

"假如我说顾客进店之后迟迟不肯下单和你店里的商品摆放有很大关系，你信么？"我没有直接说出自己的观点，而是先反问了王先生一句。

"商品卖得好不好和陈设摆放还有关系？"显然对我的反问，王先生之前从来没思考过这个问题。

"你店里的产品摆放得太整齐了！"我指着照片说道。

"店里的产品摆放整齐还有错？"王先生有点丈二和尚摸不着头脑。

我："整齐没有错，但是整齐到每款产品在数量上都一样，这就大错特错了！"

王先生："为什么呢，我有点不明白了。"

我："这其实是一种产品销售紧俏的心理暗示问题，很多时候，一种产品要是销售比较紧俏的话，那么顾客处于从众心理，就会快速下单，生怕买晚了就抢不到了。你想一想，假如一款产品销售紧俏的话，它的货架上的摆放会是什么样的？"

王先生："数量上明显比周围的产品要少。"

我："对啊，你将每款商品都摆放得整整齐齐，看上去一点差别都没有，顾客就会觉得这些产品销售状态都一般。假如你将一些商品在货架上的位置往里面挪一下，比周围的商品'凹'下一块，那么就很容易给顾客这样一种暗示：看啊，这些商品销售得比较紧俏！"

王先生恍然大悟，这才明白看似普通的店面陈设还有这么多的讲究：陈设得好，能够刺激顾客的购物欲望，促成交易。

其实对实体店而言，暗示产品销售紧俏比自夸更有效，因为紧俏的产品往往能够抓住顾客"从众""比较"的心理，令顾客对商品刮目相看，并且在最短的时间内完成交易。那么对实体店而言，如何有效地对顾客进行暗示，凸显店内商品的紧俏呢？

陈设摆放凸显商品紧俏

实体店在布置店内产品陈设时，可以相应地在一些重点商品身上做"减法"，将其"凹"进柜台。这样一来，和周围的商品一对比，在视觉上就会给予进店顾客一种"这种商品销售紧俏"的心理暗示。在这种心理暗示下，顾客的关注点就会锁定在"紧俏"商品身上，并且在"怕买不到"的心理刺激下，快速地完成交易。（见图 7-10）

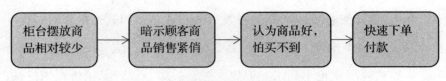

图 7-10　陈设摆放凸显商品紧俏

赞美顾客眼光好

人人都喜欢被赞美，这是人的天性。基于此，我们在顾客挑选产品的时候可以适时地进行赞美，夸奖顾客"眼光好，一眼就看出这款产品销售火爆"。这样的话语能够产生两方面的作用：其一，赞美了顾客的眼光，在顾客内心中制造了愉悦，让顾客对我们产生了好感；其二，点出顾客当前面对的产品上"紧俏产品"，暗示顾客需要赶紧下单，不然会买不到。（见图 7-11）

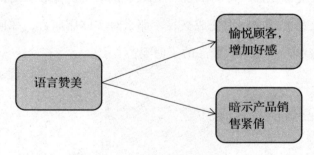

图 7-11　语言赞美作用

帮助顾客挑选

有时候顾客进店之后对商品感知比较"迟钝"，弄不清楚什么商品有"人缘"，这个时候就需要我们及时介入，帮助顾客挑选。很多顾客进店之后即使有意下单购物，也会在商品颜色、规格、样式、售后服务上不停地打转，甚至会因为一些小问题而终止交易。基于此，我们应该求准时机，果断出击，通过热情地帮顾客挑选商品的颜色、规格、样式以及向其交代商品的销售情况、付款方式、报修和日常维护等问题来帮助顾客拿主意。一旦顾客打消了心中的顾虑，那么我们的销售自然就成功了。

06. 送礼物还是送人情

中国是礼仪之邦，礼文化已经渗透到中国人的血脉之中。在中国，不懂得"礼"，是很难树立好自身的人脉网络的。其实对实体店而言，在经营过程中，要想紧紧抓住顾客，梳理好自身同顾客之间的关系，"礼"也是绝对少不了的。另一方面，中国又是讲究"人情"的国家，给予一种善意，一种馈赠，一次帮助，让对方感受到我们的尊重和博爱，那么彼此间便有了默契，有了信任。假如实体店能够运用好人情这一"武器"，在顾客内心中种下一粒情感的种子，那么在之后便能收获灿烂的果实。

其实在我看来，当前面对电商的激烈竞争，实体店不管是送礼物还是送人情，都是一种抓住顾客的好方法。因为相对于电商的"冷冰冰"，实体店做好面对面赠送礼物或人情，能够在很大程度上放大顾客的体验，通过满足顾客情感上的需求，继而有效占领顾客心智。

赵谦在一个大型社区内开了一家坚果店，瓜子、核桃、腰果、开心

171

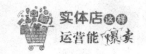

果等应有尽有。最初周围的亲友都劝他："现在电商这么厉害，网上什么都有，人们动动手指头就能下单收货，你开实体店卖坚果肯定是赔本的买卖！"但是赵谦却不这么认为，他觉得当前电商虽然强势，但是实体店因为在距离上和顾客更加接近，天然就具备亲近顾客的优势，只要做好这一点，那么实体店还是大有发展前途的。

为了获取顾客好感，拉近自身同顾客的心灵距离，赵谦在经营过程中时常会送出一些小礼物，比如年纪大的顾客来买坚果的时候，赵谦会送凉扇，还会送一些小镊子、小钳子之类的剥皮工具，传授一些剥皮的小窍门，示范如何巧妙地将坚果果皮剥掉。而对于前来购买坚果的年轻人，赵谦会送一些自己的坚果雕刻，诸如核桃小人、栗子印章之类的，对一些经常光顾的年轻顾客，杨谦还会特意送上电影票。

除了送礼物之外，杨谦还送吃法，送人情。他特别在店内的一个角落开辟出了一个品尝区，在每天上午邀请一些老顾客前来品尝各种坚果粥，吃早餐。期间杨谦会向大家介绍各种坚果营养粥的做法，引导大家用最养生的方法来吃坚果。这样一来，杨谦的实体店在顾客眼中就多了一份人情味，社区里的人都喜欢在闲暇的时间来店里坐一坐，和杨谦拉拉家常，将店里当成了一个放松心情的好去处。

于是杨谦的实体店生意越做越好，有的顾客冲着他的小礼物而去，有的顾客则冲着他美食而去，有的干脆则是出于对杨谦个人的好感而去，总之，慢慢地，整个杨谦的坚果店成为居住在社区里的人们购买坚果的首选。

在我看来，杨谦经营实体店的方法是非常值得学习的，特别是在当前电商竞争激烈的大背景下，小小礼物能够帮助实体店快速地拉近同顾客的距离，而适当的利益给予则能让顾客觉得实体店有人情味。这样一来，实体店也就化身为顾客身边活生生的"人"，在利益交换之外多了一种好感和信任，实体店也就成了顾客生活中不可或缺的一部分。

那么对实体店而言，如何送礼物或人情呢？

送礼物还是送人情，要从自身实际出发

对实体店而言，到底是送礼物还是送人情才能和顾客搞好关系，快速地拉近彼此间的距离呢？想要弄清楚这个问题的答案，实体店要从自身经营特点出发，不盲从，不逐流，适合自身的才是最好的。假如店内产品的价值比价大，售价比较高，潜在客户经济收入比较丰厚，送礼物就不如送人情，因为中高收入顾客对小礼物的兴趣会比较低；反之，假如实体店销售的产品比较大众化，目标客户群体也比较大众，那么赠送一些小礼物效果通常会不错。要根据实际情况制定策略，见图7-12：

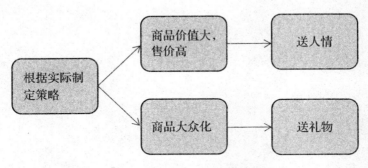

图 7-12　根据实际情况制定策略

礼物 + 人情，双管齐下效果好

对实体店而言，送礼物还是送人情，并不是此消彼长、非此即彼

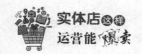

的。在实际经营过程中，我们可以根据顾客的喜好将二者巧妙地糅合在一起，以礼物培养人情，以人情衬托礼物。也就是说，实体店可以将礼物和人情进行有效整合，使之相互促进，最终发挥出"1+1 > 2"的效果。

第八章

面对面，零距离，做好服务创业绩

　　卓越的顾客服务是提升业务的"法宝"，一次好服务可能赢得一个顾客，而一次疏忽可能失去全部顾客。电商固然价格亲民、方便快捷，但实体店却具备和顾客零距离、面对面交流的优势。所以，要始终如一地提供理想服务。一旦服务做好了，顾客心满意足了，也就意味着下一次营销的开始。

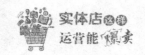

01. 一个顾客见证胜过你的千言万语

美国著名推销员乔·吉拉德提出了著名的"250"定律，他认为在一位顾客身后，大体上存在着 250 名亲朋好友。假如你赢得了一位顾客的好感，也就意味着有可能赢得其身后的 250 个人的好感；反之，假如你得罪了一名顾客，那么就意味着可能得罪其身后的 250 名潜在顾客。这就意味着，实体店必须将每一位顾客看作上帝，认真对待每一个进店的人，因为获得一位顾客的见证，就可能照亮其身后的一大片潜在顾客。

面对面，零距离，做好服务，实体店才能更好地发掘自身的潜力，提升顾客的忠诚度。但是在这个过程中，很多实体店主习惯性地"自夸"，认为在用户面前说一百遍自己的产品好，那么用户就会发自内心地认为产品是"真的好"！其实不然，很多时候，产品好不好，实体店说得再好听，到用户耳中也会存疑，"老王卖瓜自卖自夸"，谁信！

正所谓"自己夸一千句不如别人赞美一句"，对实体店而言，与其自夸，不如推动顾客进行"信任背书"，让顾客见证，进行口口传播或在自媒体社交平台上进行分享。由自夸到顾客夸，这是一个根本性的转变，实体店就会凭借服务慢慢在顾客群体中树立起口碑，继而影响更多顾客的购买选择，吸引越来越多的顾客进店消费。

小菲在银川新华街拥有一家服装店，生意一直都非常好，很多顾客在逛了一次之后便成了她的回头客。很多人对小菲服装店生意的火爆百思不得其解，现如今面对电商的激烈竞争，实体店的日子越来越不好过，特别是服装店，俨然已经成了顾客的"试衣店"——在店里穿戴一番，记住服装品牌，尺寸，然后去网上下单。为什么周围的服装店大都勉强吃饱，而小菲的服装店却能"吃到撑"呢？为此周围的一些服装店主也曾暗访过小菲的服装店，转了一圈，售卖的服装款式都差不多，根本找不到什么秘密武器。

那么小菲到底有没有秘密武器呢？大家都买的服装款式既然都差不多，为什么顾客就愿意到小菲店里消费呢？答案其实很简单，小菲在服务上下了功夫，很巧妙地推动了顾客进行"信任背书"。在小菲看来，虽然实体店在成本上和电商相比处于劣势，但是在服务上却可以近水楼台先得月，具备电商所不具备的"地利"优势，只要做好了这一点，便能紧紧地抓住顾客，吸引顾客二次光顾，并且自发地进行推荐，带动更多人进店购买。

为此，小菲特意制作了一张"赞美标签"，将之用别针别在店内的每一件衣服上。这个"赞美标签"上面写了"你是女神""穿上她，你就是最美的"之类直击心灵的唯美文案，还有小菲的微信号，告诉顾客"发现了问题可以直接加我，让您满意是我最大的心愿"！这个赞美标签最初很多顾客都没发现，回家仔细检查的时候才会发现这一小惊喜，顾客会为上面的文字所暖心，然后拿出手机在朋友圈分享，夸赞："万万没想到，这家店的衣服还会夸奖人呢！这家店老板人真好，衣服也好，以后会多去！"

小菲的秘密武器就是在服务上搞了创新，主动取悦顾客，主动服务顾客，在互动中获得顾客的好感和忠诚度。获得了顾客的好感，有了一

定的忠诚度，顾客自然会对实体店进行口碑传播，这样一来，也就会影响更多的人关注店面，来店消费。

由此可见，提升服务水平，引导顾客进行"信任背书"，是实体店战胜电商的一个秘密武器。我们可以将提升服务和推动顾客见证以及提升实体店产品销量之间的关系用图表的形式形象地展现出来，见图8-1：

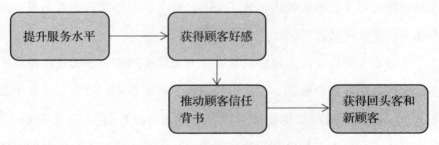

图 8-1　提升服务带动销量流程

那么对于一家实体店，想要让顾客进行见证，自发地进行"信任背书"，需要从哪些方面入手呢？要用到哪些技巧呢？我们可以从产品、视角以及推动顾客进行口碑传播三个方面入手，见图8-2：

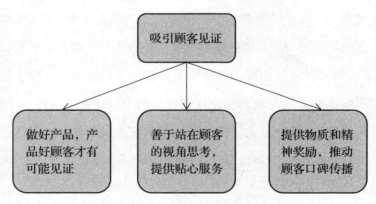

图 8-2　吸引顾客见证要素和方法

178

产品是见证的基础

众所周知，产品是一切服务的基础，特别是对实体店而言，只有拥有好的产品，才有可能吸引顾客的关注，获得顾客的好感和信任。脱离产品的服务再好，再周到，也是无根之萍，在顾客心中根本就留不下丝毫的印象。所以，实体店要严把产品质量关，保证每一件产品都是响当当的"铜豌豆"；或在款式上表达出某种个性，胜在新潮。

站在顾客视角思考，提供贴心服务

对顾客而言，实体店服务好不好，在于服务是否贴心。很多实体店虽然服务一大堆，但是对顾客而言那些服务却显得比较鸡肋，比如有的服装店为顾客提供旅游指南，对很多顾客而言就是鸡肋服务，因为相对于专业的旅行社，服装店的旅游指南肯定不为顾客看好。那么对一家服装店而言，最贴心的服务是什么呢？很简单，站在顾客立场上想一想，就能找到这个问题的答案——免费的干洗服务，新款式服装的推荐服务，等等，这些对顾客而言都是最贴心的，也是最需要的。

推动顾客进行口碑传播

在顾客见证的基础上，实体店还需要进行引导和推动，以期最大限度地调动起顾客传播分享的积极性。比如实体店可以用"推荐有礼""转

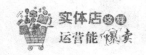

发有奖"等形式，利用物质上的奖励引导顾客介绍新客户，在自媒体社交平台上分享在店体验以及产品使用心得。另外，实体店还可以借助丰富多彩的活动，诸如品尝会、儿童文艺嘉年华、购物节等，和顾客进行面对面互动，以此提升顾客在社交自媒体平台上的分享热情。

02. 你要的不是会员而是粉丝

曾经听到很多实体店主谈到会员的重要性，他们普遍认为会员越多，实体店发展的前景就越光明。基于这一认识，大多数实体店都做成了一个会员积分管理，顾客通过在实体店的消费数额获取积分，然后等到年底可以用积分在实体店内兑换礼品，用会员的物质奖励来培养顾客的忠诚度。另外，很多实体店还将会员卡设计成了打折卡，顾客还可以通过积分获得会员级别，不同级别的会员卡在实体店内享受的优惠折扣不同，以折扣吸引顾客在店内消费。

但是在我看来，这种传统的会员模式已经不适合现今这个社会化媒体时代，并不能成为实体店同电商对弈的秘密武器。我的一位朋友，前几年创办了一家连锁超市，对会员模式非常推崇，在他看来，正是有了很多会员，他的连锁超市才得以在同电商的激烈竞争下存活下来。所以当我对他说会员模式已经不适合社会化媒体时代的观点后，他不以为然，坚定地认为会员模式对实体店而言是"基石"。

我笑了笑，对他说道："会员模式过于强调人和物的互惠关系，不管是积分兑换礼物还是积分兑换折扣，都带有很大的功利性，过于强调顾客所能获得的利益，这种'人—物'的互惠关系很难转化为'人—人'的朋友关系。也就是说，顾客之所以愿意成为会员，是冲着你所提供的利益去的，你最终培养的是他们对会员卡的忠诚，而不是对超市品牌的忠诚。你可以回想一下，进店的顾客是不是依赖上了卡片而不是你的品牌？"

朋友认真思考，对会员模式有了更深层次的了解，不再坚持会员模式万能的理论。他问道:'既然会员模式转化不了'人—人'的朋友关系，那么什么模式可以呢？"

"粉丝模式!"我回答。

"粉丝模式？实体店也能和明星一样拥有粉丝？"朋友不解。

"粉丝模式是一种'人—人'的朋友关系，粉丝对品牌的支持不同于会员，会员看重的是利益，而粉丝则是基于认同和情感，在消费的同时会自发地推广和维护品牌。你可以想一想苹果的粉丝、小米的粉丝、优衣库的粉丝、可口可乐的粉丝，等等，这些都可以算在粉丝模式中。"我继续说道。

随后我在纸上画了一张图，简明扼要地展示了会员模式和粉丝的不同之处，让朋友对会员和粉丝的不同之处有了更深刻的了解。（见图8-3）

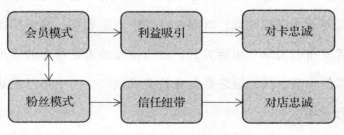

图 8-3 会员和粉丝模式区别

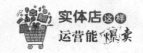
　　社会化媒体时代，粉丝才是实体店得以发展壮大的基石。粉丝模式完全由顾客主导，它不再是以顾客的名称、会员卡号或者手机号码作为唯一识别，而是用社会化媒体的虚拟 ID 作为唯一识别，核心的社会化媒体往往是粉丝社区，可以是自建，也可以是依托微博、微信等平台建立。实体店品牌通过虚拟 ID 来识别粉丝，并建立和粉丝之间的互动渠道，在沟通互动中培养自身和粉丝间的情感，形成大的社区和差异化圈子，最终强化粉丝对实体店品牌的信任。

　　那么实体店如何做好粉丝模式，快速地建立自身品牌同粉丝间的信任关系呢？我认为可以从下面三个方向入手：

全方位互动

　　实体店想要发展自己的粉丝，获得粉丝的信任，互动是一个必不可少的环节，也是一个简单高效的途径。就如同一个人想要同另一个人成为朋友，那么这个人就必须主动接触另一个人，和他说话，找到共同的兴趣爱好，邀请他参与活动，强化彼此间的认同感。实体店发展粉丝也是这样的道理，需要主动和顾客进行互动，并且这种互动还要是全方位的，在品牌和粉丝之间、粉丝和粉丝之间以及线上与线下、圈子内与圈子外进行互动，继而在互动中不断积累，最终捕捉到顾客更新或者发布的需求和生活方式，继而快速地满足顾客的需求，丰富提升顾客的生活方式，最终将自身打造成顾客生活中不可或缺的一部分。（见图 8-4）

182

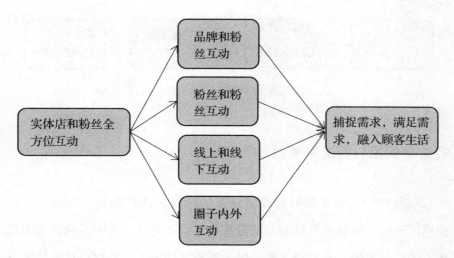

图 8-4　实体店和顾客全方位互动获得粉丝

提供平台，建立奖励机制

实体店想要培养自己的粉丝，需要提供平台来建立自己的圈子、社群，并且在圈子和社区内部建立起奖励机制，以此来最大限度地提升圈子和社区的吸引力，刺激粉丝的活跃度。比如实体店可以组织特定活动，推出粉丝定制产品，进行粉丝特购，举办粉丝见面会，等等，通过这些形式提升自身品牌的知名度，培养粉丝对品牌的信任和忠诚。

另外，实体店可以基于差异化主题建立客厅式的小范围主题对话，并为粉丝提供口碑推荐渠道和个性化礼品或者体验，以多频次小批量的活动来取悦顾客，将之转化为自身粉丝。这样一来，实体店最终就会从借助互动，到社区构建，再到细分群体的圈子，最后到主题化的客厅活动，在这个过程中培养粉丝对实体店的信任，提升粉丝对品牌的忠诚度。（见图 8-5）

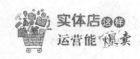

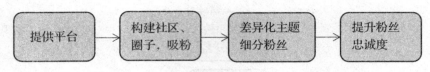

图 8-5　建立平台培养粉丝忠诚度

打造自明星，制造引爆效应

众所周知，明星都有着数量众多的粉丝，往往能够一呼百应，制造热门话题，引导消费风向。所以我们才会在电视广告中看到诸多明星代言的产品品牌，与其说这些品牌看重明星的形象，不如说这些品牌看重的是这些明星背后无数粉丝的潜在购买力。所以在当前社会化媒体时代，实体店应该利用微博、微信等自媒体平台，将自身打造成自媒体上的"明星"，或成为顾客生活方面的专家，或成为顾客运动方面的帮手，或成为顾客专业知识上的导师……总之，当实体店借助自媒体为自身蒙上一层明星光环时，其就更容易吸引更多粉丝的关注，获得更多的影响力。

03. 出现问题，让用户能第一时间联系上你

加拿大一位心理学家曾经做过一个名为"感觉剥夺"的实验：将被测试的对象关在恒温密闭隔音的暗室内，严格控制实验对象的感觉输入——给实验对象戴上半透明的塑料眼罩，可以透进散射光，但是却没

有图形视觉；给实验对象戴上纸板做的套袖和棉手套，限制他们的触觉……几天后，所有的实验对象都表现出了崩溃的迹象，甚至出现了各种错觉、幻觉。可见，假如切断一个人和外界的所有联系，那么这个人就会渐渐地崩溃。

对实体店而言，假如和顾客失联，后果同样也是非常严重的，也会让顾客生出种种错觉、幻觉：这家店的产品真的有问题？这家店不想好好做服务？这家店老板是不是跑路了？我被骗了……诸此种种，必然大大降低顾客对实体店的信任度，对实体店口碑形象产生严重的负面影响。所以，对实体店而言，想要做好服务，首先要做到的就是在顾客出现问题时，让对方能够第一时间联系上你，给予对方这样一种心理暗示：你是在线的，你是靠得住的，你能在接下来的时间提供更好的服务。

曾经听到一位家电城超市经营者王先生讲过这么一个故事：

有一次，王先生接待了一位前来退货的顾客。让他困惑不解的是，那位顾客前一天才购买了一台等离子彩电，仅仅过了一晚上，为什么就不想要了？难道是彩电质量上出了问题？他赶紧上前询问顾客退货原因。

"感觉你们这儿后续服务不好，当初不选择网购，而是直接在你们这购买，就是看重了你们的服务！"顾客说道。

王先生很诚恳地说道："我们这儿服务那是没得说的，绝对和承诺的一模一样。"

顾客："我觉得你们这儿服务不好，所以才要求退货！"

王先生不解，不知道问题出在哪方面——印象中，这位顾客根本就没提过服务要求，为何却说服务不好？王先生耐心询问，想要弄明白为什么自家店会留给顾客这么一个坏印象。最终王先生终于弄明白了原因。原来顾客电视买回家安装调试完毕后，在使用中对具体的操作事项

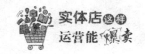

不太明白，于是便想给店里的售后人员打电话，询问具体的操作事项。但是让顾客没想到的是，电话打通了，但接电话的却声称他打错了，他压根就不认识什么售后人员。

真相大白，肯定是售后人员留下的联系方式在书写的时候出现了错误，导致顾客在出了问题之后不能在第一时间联系到人，最终觉得自己被忽悠，于是产生了退货的想法。王先生立即指派专人跟随那位顾客回家，帮助顾客熟悉彩电使用步骤，最终才打消了顾客退货的想法。

听完王先生的故事，我建议他专门为每一名售后服务人员印制名片，分发给每一位顾客，这样一来就可以避免手写联系方式出现类似的失误，让顾客在出了问题之后第一时间联系到售后服务人员。

王先生讲述的这个故事很具代表性。实体店之于电商的最主要优势就是服务，而让顾客在遇到问题时第一时间联系到我们，则是这种优势的最主要体现方式。试想一下，随叫随到的服务保证，相对于远隔千山万水的电商，是不是会让顾客怦然心动？

那么，怎么才能让顾客在第一时间联系上我们呢？我认为可以从以下三点入手：

名片人人有

很多人都认为名片是一种身份的象征，认为只有拥有一定管理权限的人才可以配备名片。其实对实体店而言，这种想法是一种做好服务的"枷锁"——和顾客接触的往往都是一线普通员工，对他们而言，想要让顾客记住自己，让顾客在第一时间找到自己，名片绝对是最好的配置。所以实体店最好能为店内所有人员都配备名片，在名片显著位置标注联系方式，方便顾客遇到问题时拿起电话就能找到人。要用名片构建联系通道，如图 8-6：

图 8-6　用名片构建联系通道

严格践行"首问责任制"

实体店内的每个人，不管所处岗位如何，诸如经理、销售、售后或是保洁人员，只要顾客联系到你，你就要承担"首问责任"，必须回答顾客的问题，帮助顾客解决问题。假如顾客的问题超出了你的权限，也要帮助顾客找到相应负责人，直到顾客满意为止。

"首问责任制"的根本目的在于避免顾客需求帮助的过程中遇到"踢皮球"的状况，将顾客的问题推来推去，降低顾客的服务满意度，伤害实体店在顾客心中的正面形象。"首问责任制"提升顾客服务体验满意度，见图 8-7：

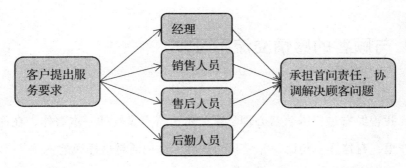

图 8-7　"首问责任制"提升顾客服务体验满意度

主动回访顾客

实体店想要在服务上战胜电商，凭借着良好优质的服务获得顾客的信任和推荐，就必须充分利用好自己的"地利"优势，主动出击，对顾客进行回访，将顾客的问题消灭在萌芽状态，给予顾客一种全程无问题的消费体验。实体店可以通过实地回访、电话回访、微信互动等形式主动联系顾客，了解顾客的潜在服务需求，提前进行服务介入，从而使得顾客享受到更为完善、优质的服务标准。（见图8-8）

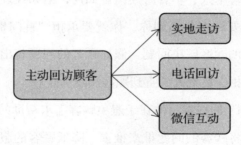

图 8-8　主动回访客户途径

04. 与顾客的感情交流不可少

我曾经看过美国著名心理学家尼尔·雷克汉姆的一本著作，在他的著作里，有这样一句话，深受我的认可。这句话是这样说的：

"实践证明，顾客与商家的关系一直是经营中很重要的因素。而在同质产品的经营中，关系变得更重要，因为当产品间不存在差异时，那么关系就成了一种区别。"

不管是尼尔·雷克汉姆先生的观点，还是我的认可，我想告诉实体店商家这样一个事实：不管我们经营什么样的产品，与顾客之间的情感交流是不可少的。与顾客建立情谊，并让他们在情感上对我们产生信赖感、依赖感、安全感，这是现在实体店经营取胜的最佳法宝。

我有一个经营家具装饰店的朋友，前两年他的店铺受到了电商的冲击，生意一度到了做不下去的地步。有一天，他兴奋而又忧虑地给我打电话告诉我，有一个顾客来店里咨询当地学校和剧院的座椅装饰生意，他很想要获得这份订单，但又不知道如何才能做到，于是他向我请教方法。

我在电话里只是跟他说了这样一句话："你只需要与顾客进行感情交流，赢得对方的好感就行了。"

几天后，朋友激动地约我吃饭，报答我为他支的这一招，让他成功地拿到了订单。在饭桌上，他给我讲了事情的经过：

朋友亲自登门去拜访来店咨询的那位顾客，一走进办公室，他就很仔细地观察了顾客的办公室，然后真诚地对顾客说："自从我进入这个办公室开始，我就一直在欣赏您的办公室，我真是太羡慕您了。如果我也有这样一间办公室，即使工作辛劳我也不在乎。您知道，我经营的虽然是装饰业务，但我还没有见过比这更漂亮的办公室呢！"

顾客听朋友这么一说，顿感兴趣，回答说："您提醒我记起了一件差点遗忘的事，这间办公室刚建好时，我也很欣赏。可如今，我每次进入这里都在盘算着工作的事情，有时甚至都没有时间好好看一看这房子。"接下来，朋友和顾客一起参观了办公室及顾客所在的公司的每一

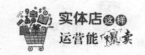

个角落，并把自己参与设计的部分一一指给朋友看。

最后，顾客又向朋友细述了自己的创业史，不知不觉间，他们的谈话已经超过了两个小时，顾客已经把我的这位朋友当成了朋友。谈话结束后，两人在一起吃了午饭。

就这样，通过朋友与顾客之间的情感交流，使朋友获得了学校和剧院的座椅装饰生意。

与顾客进行情感交流是非常重要的，实体店商家一定要谨记。我经常看到这样一种让我痛心的现象：一些实体店的服务员或者老板平常对顾客不闻不问，到关键时刻却对顾客表现得异常热情，而在顾客买完单后又对顾客置之不理。对于这样的现象，我想说的是：这种经营方式只能带来暂时的利益，却有损于商家的口碑，会断送更长远的利益。

在产品差异化日益缩小的今天，顾客更愿意同那些自己喜欢的商家合作。所以，商家经营业绩的好坏并不完全是由产品或服务品质决定的。与顾客进行情感交流，在情感上和顾客产生共鸣，这样就能与顾客建立良好的合作关系，并进一步形成牢固的商业情谊。

我曾经在我朋友的店里做过一段时间关于成交率的调查，以下是我进行调查的统计表，图8-9：

日期	进店人数	成交单数	成交率	备注
2015年6月3日	25	6	24%	成交率=成交率/进店人数
2015年6月4日	32	8	25%	
2015年6月5日	18	4	22%	
2015年6月6日	42	12	28%	
……	……	……	……	……
……	……	……	……	……
……	……	……	……	……

图 8-9 成交率统计调查表

通过上面的统计表，我们可以清晰地知道：第一次进店就达成交易的顾客仅占 8%，这就说明 92% 的顾客都通过情感交流达成的。

所以，我想告诉实体店商家的是：在经营店铺时，要不断掌握与顾客进行情感交流的方法和技巧，这是你做好服务创业绩的首要条件。

说到这里，你一定会问我：如何才能与顾客进行有效的情感交流呢？与顾客进行有效的情感交流的方法主要有以下三种，用流程图归纳如图 8-10 所示：

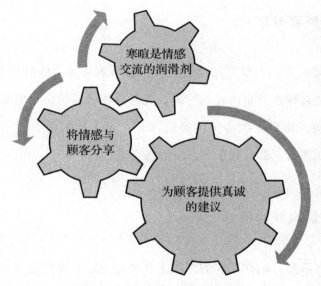

图 8-10　有效情感交流流程图

为了让商家更好地运用这三个技巧，下面我将对图中的技巧进行一一讲述：

寒暄是情感交流的润滑剂

语言是情感交流的媒介，尤其是在面对彼此不太熟悉的顾客时，就

191

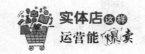

更需要语言交流。而寒暄就是这种情感交流的润滑剂，是一门人际交往的艺术。得体恰当的寒暄能让顾客感到轻松与温暖，营造出热情和谐、友善真诚的气氛，建立彼此可信赖的关系，有利于销售产品的顺利进行。而不当的寒暄却会让人感到虚伪疑惑。所以，商家在与顾客进行情感交流时，要学会与顾客进行恰当的寒暄，取得顾客的信任与支持。

将情感与顾客分享

情感交流是一个双方互动的过程，有所表达才会收到回应。所以，商家要学会与顾客分享内心的情感，尤其是积极的情感，更能得到顾客积极的回应。将自己的心情传递给顾客，无论是生活中的还是工作中的，讲给顾客听，都有利于双方的情感交流。

为顾客提供真诚的建议

为顾客着想，站在顾客的立场上真诚地为顾客提供建议，才能获得顾客的认可和长期的合作。为顾客提供真诚的建议，商家的生意才有可能拥有源源不断的回头客。令人感到遗憾的是，我经常看到有些商家为了追求一时的销售额，不考虑顾客的实际情况，误导顾客买一些已不需要的产品，那么这样的商家的生意只能做这一次。商家的目的是为顾客带来他们真正需要的产品，并从中获得利益。所以，商家要了解顾客的真实需求，在此基础上为顾客提供真诚的建议。

以上就是关于如何与顾客进行情感交流的方法，其实，最重要的是立即行动起来。与顾客进行情感交流并不难，关键就是要行动起来，越早越好！

05. 你的服务要超出用户预期

在我看来，一家实体店，不仅仅要面对电商的空前竞争，还会面对同行业店铺的激烈竞争，在这样的大背景下，想要让顾客对店里的服务有印象，生出好感，最终产生"爱屋及乌"的情感归属，按部就班的步骤肯定是不行的。那么我们应该如何做呢？一个有效的方法就是提升服务的期待感，让我们的服务超出顾客的预期，为顾客带来惊喜，让顾客感动。

我们可以将"勤快"极端化，将"热心"极致化，让顾客感受到我们最好服务的火热之情；我们可以吃别人吃不了的苦，受别人受不了的屈，满足顾客的需求，超出顾客的预期，令电商望尘莫及，令竞争对手退避三舍，在顾客内心中留下不可磨灭的烙印。

有一次，我和朋友去一家火锅店聚餐。朋友中有一位工程师李哥长得高高大大，但是性格却比较腼腆，不怎么爱说话。就餐的时候，服务员将我们点的鹌鹑蛋下锅后，没过多久便端上来一盘萝卜丝。一时间我们丈二和尚摸不着头脑，根本没人点萝卜丝，是不是送错了？

我提醒服务员，是不是弄错菜了。服务员随后说出来的话让我大为惊叹，原来他给我们上菜的时候，发现李哥频频将火锅里的萝卜丝夹到碗里吃，意识到李哥比较钟情于萝卜丝。

　　"我感觉这位先生一定很喜欢吃萝卜，所以便打电话给上菜房，让他们上了一盘萝卜丝，然后在里面放了几味调料，希望这位先生喜欢。"一直不怎么说话的李哥有点小激动："非常感谢，你还真猜对了，我很喜欢吃萝卜的。"他边吃边夸那位服务员，而且还专门请教萝卜丝的制作方法。最后李哥要来一碗米饭，将萝卜丝的汤拌到饭里津津有味地吃了起来。

　　之后这家火锅店便成了我们聚餐的"钦定饭店"，最主要的一个原因就是李哥的坚持，不仅要我们一起来，他自己还"单飞"，有时间就去那家火锅店消费，还将他的亲朋好友都介绍到火锅店吃饭。

　　这个亲身经历让我明白了极致服务的神奇功效，对超出顾客期待的服务有了更深层次的认识。看，一盘萝卜丝多神奇，帮助火锅店抓了这么多客人！一盘萝卜丝对李哥而言就是一个大大的惊喜，虽然从实际的价格上说，这盘萝卜丝值不了多少钱，但是从服务精神上而言，却让李哥感动：一来店家心细，精准地抓住了自己的喜好，这是一种超级服务意识；二来这代表着一种善意，一种尊重。这种大大超出李哥预期的服务，自然让李哥难以忘怀，所以之后李哥就成了这家火锅店的"销售代表"，为火锅店拉来了一波又一波客人。

　　这就是服务超出顾客预期所带来的好处——信任、忠诚。也就是说，对实体店，各行各业想要做好服务，除了常规的服务项目之外，还需要在服务预期上做好文章，只有提供超过顾客服务预期的服务，才能够带给顾客惊喜，才能在顾客内心中留下不可磨灭的印象，推动顾客主动为实体店代言，进行信任推荐。

　　那么，如何让我们的服务超出顾客的预期呢？我认为可以从以下三个方面入手：

提高服务附加值

实体店想要让服务超出用户的期待，一个最主要的方法就是提升服务的附加值，让顾客感觉自己享受到了超值服务，有上帝般的感觉。那么实体店从哪些方面提升服务的附加值呢？实体店可以从提升服务质量、增加服务种类、延伸服务时限、降低服务费用等方面提升服务的附加值，让顾客在享受服务的时候觉得自己"赚了"。（见图 8-11）

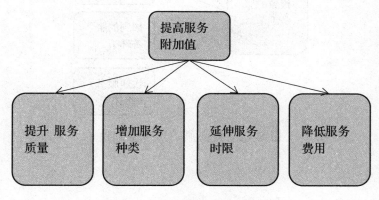

图 8-11　提高服务附加值方法

将细节做到极致

实体店想要提供给远超顾客预期的服务，除了要增加服务附加值外，还可以从服务细节上入手，以"工匠精神"将某一方面的服务提升到极致，做到无限接近于完美。这样一来，顾客在接受服务的时候就会从细节上体验到一种极致升华，继而对实体店的服务产生一种惊艳之

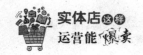
感,最终"爱屋及乌",对实体店产生信任,表现出极大的忠诚。比如我们可以从服务人员的礼貌用语、礼仪、反应速度等方面入手,用超级个性的问候语言、礼仪来取悦顾客、周到的服务环节以及闪电般的响应速度俘获用户。(见图8-12)

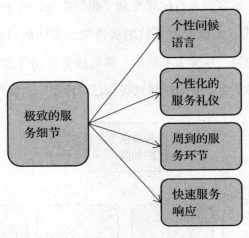

图8-12　提高服务附加值方法

赠送额外礼物

实体店提升的服务想要超出客户预期,一个有效而直接的方法就是赠送一些额外的小礼物。很多人都有占便宜心理,哪怕是小小的一个可以忽略不计的便宜,往往也能让人心花怒放,觉得"超值"。所以实体店可以利用顾客的这种心理,在提供服务的同时赠送一些额外的小礼物,诸如电影票、布娃娃、签字笔、气球,诸如此类,往往能够让顾客觉得服务大大超出自己的预期,有礼物拿,真是一个大大惊喜。

06. 千错万错，唯"快"不错

对实体店而言，想要战胜电商，一流的服务是必不可少的大招。相对于电商，实体店和顾客之间具备天然的"空间"和"时间"优势——和顾客之间的距离近，服务反应时间少——这也就意味着，假如实体店在服务环节能够利用好这两个优势，那么就能极大提升顾客消费环节的满意度，最终取得顾客的信任，培养出忠诚感。

那么实体店如何将自身的距离和时间优势转变为实实在在的服务优势呢？其实这个问题的答案很简单，我可以用一个字来回答——快！正所谓"天下武功，唯快不破"，只要招式够快，那么便可以在别人还没反应之前出招制服对方。其实实体店做服务，也同样适用"快"字诀——要想将服务做到顾客心坎上，就必须在第一时间响应顾客的需求，提供顾客所需要的服务。

参加一个实体店主微信群线下聚会，有位服装店主感慨道："这年头服务难做啊，顾客就是祖宗，挑挑拣拣，这也不满意，那也看不顺眼！"服装店主的这句话好像点燃了导火索，引发了大家的共鸣，你一言，我一语，开始诉说在服务客户时遇到的烦恼。

不久，那位服装店主走到我跟前，请教该如何做好服务。我首先反问了一个听起来很笨的问题："既然服务这么难做，那你不提供服务不就行了？"

服装店主苦笑，说道："现在电商竞争这么厉害，实体店最大的一个竞争点就是服务，毕竟咱离顾客近么，不做服务还有出路？"

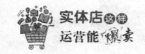

我笑了起来，看来做好服务这一点大家都懂，都知道服务是实体店能否战胜电商的关键一环。他们困惑的不是是否提供服务，而是如何提供服务才能得到顾客的认同。于是我便说出了我的建议："快"是实体店做好服务的根本。紧接着我对那位服装店主讲到了小米之家的服务：作为小米的线下实体店，小米之家推出了"1小时快修敢赔"服务，意思是在1小时内修好顾客的手机，假如在1小时内修不好就赔偿顾客20元。所谓的"1小时"，是从小米之家前台受理顾客售后开始，到全部维修服务结束，不超过1小时，其目的是让顾客体验小米之家服务的"快"，给予顾客一种极致的服务体验。期间，小米之家还增加了现场掷大骰子的游戏，假如小米之家的服务超时了，顾客掷出不同的点数，可以获得不一样的小礼物，以表示小米之家对未能兑现服务承诺的歉意。

那位服装店主恍然大悟，不管服务种类多寡，只要在时间上做到快速响应解决，大大缩短顾客的等待时间，那么顾客的服务体验就会更加接近完美；反之，假如实体店的服务响应速度慢，解决问题的用时比较长，那么即使服务项目再丰富，顾客的服务体验也会变差，自然就会表现出各种不满。"快"字诀的三要素如图8-13：

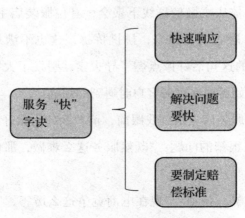

图8-13 "快"字诀三要素

响应要快

实体店要做好服务，修炼好"快"字诀，首先要做到的就是快速响应，在顾客提出服务需求之后第一时间进行回应，真正做到有问必答，有求必应。也许很多实体店主认为响不响应影响不大，最终把问题解决了就行，这种想法是非常危险的。从心理学上看，顾客对实体店的服务存在着期盼、恐惧等心理，实体店快速响应顾客的服务需求，会在第一时间迎合顾客的期待感，消弭顾客对服务不确定的恐惧，会大大提升顾客对实体店服务的满意度。（见图 8-14）一言而概之，服务还没具体实施，快速的响应已经在一定程度上获得了顾客的好感。

图 8-14　服务快速响应效果

解决问题要快

实体店对顾客服务进行快速响应后，要立即开启问题解决程序，在第一时间解决顾客的问题，完善顾客的需求。实体店最好面向顾客进行服务公示，明确解决问题的时间期限，比如"24 小时解决问题""三天内全部办完"等，从而给予顾客一种"在短的时间内解决问题"的心理

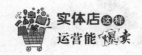

暗示。（如图 8-15）

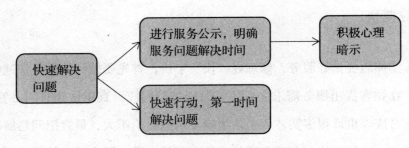

图 8-15　快速解决问题效果

制定赔偿标准

当实体店在承诺的服务时间内没能解决顾客的问题或满足顾客升级的服务需求时，为了最大限度地缓解顾客的不满情绪，打造服务口碑形象，实体店需要制定赔偿标准。赔偿标准的制定对实体店具有两方面的作用：一方面，可以彰显快速服务的严谨、严肃，坚定顾客对实体店快速服务承诺的信心，最终提升实体店在客户内心的品牌形象；另一方面，因为服务不到位所给予的赔偿，能够大大降低顾客的不满，提升实体店负责人的品牌形象。（见图 8-16）

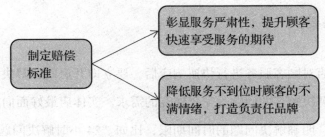

图 8-16　赔偿标准作用

第九章

打好了融合牌，你不发展，
不赚钱都难

　　每一个电商商家背后，是整个电商网络在支撑运营，用集团战略攻城略地。激烈的竞争下，实体店要想夺回或者守住自己的顾客，就必须抛弃单兵战术，以全渠道为方向进行整合和变革，线上线下取长补短、深度融合、共生双赢。当然，这是一个厚积薄发的过程，是一个积累、蓄力的过程。

01. 不是"互联网 + 商业"，而是"商业 + 互联网"

随着互联网技术的迅猛发展，"互联网 +"成了当前非常火爆的一个话题。在我看来，"互联网 +"既是一场科技上的革命，也是一场思维上的风潮和行动上的指南。具体到商业领域，"互联网 + 商业"的模式风头正盛，人们希望通过互联网技术和商业的融合来进一步刺激商业的活力，挖掘商业发展的潜力。

但是需要注意的是，"互联网 + 商业"的模式聚焦的其实是"互联网"而非"商业"，在这一思维模式下，商业只是互联网技术发展所涉及的一个领域。而对实体店而言，"商业"才是重点，"互联网"技术则是补充。所以讲互联网技术和商业进行融合，我们需要分清主次，运用"商业 + 互联网"思维而非"互联网 + 商业"思维。

所谓"商业 + 互联网"，是以实体经济为主体，以互联网为补充，"+"则是一种方法，一种"融合剂"，加的是互联互通思维，是线上线下的优势互补。实体店想要扩展业务，实现顾客和商品销量的有效增长，离不开"商业 + 互联网"思维；实体店寻求成功转型和更为健康长远的发展，更需要借助互联网这个低成本扩散平台。"商业 + 互联网"的含义见图 9-1：

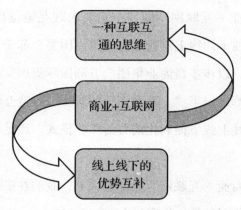

图 9-1 "商业 + 互联网"含义

在我看来，现阶段实体 pk 电商已经不再是中国商业的一个主流矛盾，因为二者之间已经出现了交融的趋势，呈现出你中有我、我中有你的态势。所以我们想要做好实体商业，就需要具备一个开放融合的心态和行动，要不断地利用互联网升级自身来满足顾客日益高涨的对信息消费、绿色消费、品质消费等新型消费模式的需求。

永辉超市在"互联网＋"大潮中不甘落后，永辉超市信息中心总监吴光旺曾说："互联网是一个炙热的火球，有人飞蛾扑火，有人欲火涅槃，永辉愿意接受烈火的锤炼。我们已开通无线网，开发了自助购物收银、商品追溯系统，以及支付宝、微信支付等付款方式，同时试行微店和实体门店的结合。"

在国外，一些转型比较早的实体店如今已经掌握了主动权，比如在美国零售电商 10 强中，有 8 家是由传统企业融合互联网转型而来的。著名的梅西百货在移动互联技术兴起之后，快速地建立了网上销售系统，将店铺转化为配送中心，依靠其在全美的 800 多家门店，和电商巨头亚马逊的物流网网络抗衡。

203

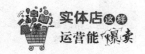

实体店"商业＋互联网"的一个主要表现是追随顾客的线上迁移向线上转型，将线下同线上进行融合。国内国美、苏宁、王府井等都在做这方面的努力，以步步高商业集团、五洲国际集团、万达广场为代表的线下实体，也都迈出了"＋互联网"的脚步，打造互联网、智慧化的消费场景，开启线上线下便利化消费的体验模式，满足顾客不断更新的需求。

那么，在"商业＋互联网"思维模式下，我们在搭乘互联网快车时需要注意哪些问题呢？具体从哪些方面入手呢？

实体商业为主体

"商业＋互联网"思维的主体是实体经济，所以互联网的应用要围绕实体经济展开，以商品为基础，以客户为核心，以环境为前提。在这个过程中，实体经济是根本，切不可本末倒置，片面追求线上而忽视实体店商品品质的雕刻，忽视顾客体验的提升，忽视店内环境的营造。

线下线上"融合"而非"结合"

想要利用互联网达到改造、提升实体店营销、服务的目的，我们不能仅是简单地将"商业"和"互联网"结合在一起，而是要将二者彻底融合为一体。那么我们如何才能将商业和互联网融合在一起呢？我们可以按照互联网的分享、融创、协同、生态的理念和我们的实体店进行深度结合。在这个过程中，我们既要发挥互联网技术的引领作用，也要发挥互联网的改造作用，深入到我们经营的每一个环节，诸如研发、生产、营销、服务等，运用互联网模式进行深入、立体、全方位的改造。

我们需要利用信息技术和互联网平台，将互联网技术融入实体店经营的每一个环节中，创造一种新的发展形态。这样我们就可以利用互联网最大限度地放大我们的实体店价值，使之更好地为顾客提供需求解决方案。

实体店线上线下的融合作用见图9-2：

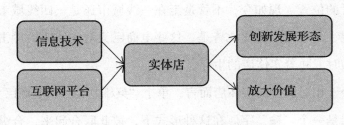

图 9-2　实体店线上线下融合作用

快捷满足顾客需求

线下和线上的融合，不仅是实体店发展壮大的选择，还是顾客的选择，因为对顾客而言，他们不会关心我们是线下还是线上，他们所关心的永远是自身的需求是否能够得到满足，满足的方式是不是更便捷。所以我们打"线下线上融合"这副牌，最终的目的还是在于快捷地满足顾客的需求。比如我们可以打出"线上下达，送货到家"、"线上下单，店内取货"等口号，最大限度地凸显"快捷"这一要素，这样我们就能更容易吸引顾客，取悦顾客，获得他们的好感和认同，最终将他们发展为我们的铁粉。

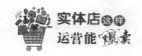

02. 合纵，零售业的突围之道

所谓"合纵"，是指相对弱小的几方联合起来，合众弱攻击一强，最终取得胜利。当前，在电商总体强势的大背景下，很多传统零售店都处于弱者的位置。现如今，不管是走在一线城市还是三四线城市的大街上，淘宝、京东的广告比比皆是，这些电商巨头对实体店的冲击是非常大的，随时威胁着实体店的生存。

对处于相对弱势的实体店而言，单个"英雄赴会"和电商巨头干架，结果肯定是一个"输"字。在这种形式下，彼此联合起来，合纵面对强大的对手，不失为一个明智的选择。在我看来，合纵之于零售业，并不单单指商场和商场之间联合，还可以是商场和商场内商家的合纵，或是商家之间的合纵、商业街门店之间的合作、跨界的异业商家合作，等等。总之，要最大限度地整合弱小一方的力量，放大已有资源，夺回或者守住自己的顾客——只有抓住了顾客，大家才有"肉"吃。（见图 9-3）

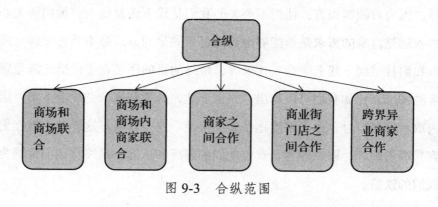

图 9-3　合纵范围

　　也许很多人会有这样的疑问：对零售业实体店而言，想要突破电商的包围，为什么要合纵而非立足自身进行改革，让自身变得更加强大呢？在我看来，体量比较大的商场或许可以通过自身改革进行突破，而对于数量更加庞大但体量比较小的零售业实体店而言，自身改革所能带来的价值其实并不大，并不足以支撑他们战胜电商，所以较明智的一个办法就是合纵，才能聚合资源，以弱胜强。

　　合纵的最大优势在于集团作战，最大限度地聚合资源，除此之外，零售业实体店还会在合纵中获得下面几个优势：

　　首先，合纵可以帮助实体店更精准的定位。我们知道电商的定位往往非常精准，它们打着优质低价的口号攻城略地，但是实体店却不具备这一优势。对实体店而言，想要精准定位顾客，要么拿别人的数据，要么自己在经营过程中积累数据，导致零售业实体店的定位不仅缓慢而且比较粗糙，对顾客缺乏强大的吸引力。

　　在当前电商大行其道的背景下还钟情传统零售消费的都是十分优质的顾客，这部分顾客是实体店必须抓住的。一般而言，在一家零售店消费的顾客也会在其他零售店消费，所以实体店之间的数据互通能够帮助实体店"联合体"更快地了解客户，对顾客的消费习惯和潜在需求进行精准定位。比如有两组顾客，他们都习惯逛完服装店去咖啡馆坐一坐，我们要将他们当成一类顾客来定位么？假如其中的一组从咖啡馆出来以后习惯去服装店逛逛，另一组却喜欢去金店呢？通过合纵，我们就可以将顾客细分成十几、几十甚至上百个小群体，这种精细化定位是单打独斗做不到的。

　　其次，合纵有助于实体店更快速地进行反应，更灵活地服务顾客。因为更多的数据来源意味着我们可以更快速地获取新鲜信息，继而有针

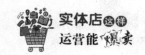

对性地调整行动，迎合某个顾客或者某一顾客群体的需求。当然，这个反应的"快"未必能够实时，但至少能够做到比竞争对手更快。

在一定范围内，当我们对顾客进行细分之后，其实我们也就获得了快速和顾客进行互动的能力基础。因为我们对细分之后的顾客群体的消费习惯、额度、频率把握会更加精细。当然在这个过程中，我们合纵团队的管理层一定要轻便、高效，假如在合纵团队中出现了小派系，沾染了所谓的"大企业病"，那么不管我们掌握信息的速度有多快速，在执行环节上终究会慢腾腾，抵消合纵所获得的消息优势。

最后，合纵可以使我们获得精确打击优势。精准定位的数据对于我们运营和营销有着巨大的参考价值，而快速的反应能力则在很大程度上保证了合纵集团紧跟顾客群的动态。这两个优势糅合在一起，就使得我们具备了对顾客进行"精确打击"的能力。

除了上面的三点优势，合纵还能够给予我们其他好处。比如使我们能够为顾客提供更好的服务，要知道服务并不是简单的端茶倒水，也不是在卫生间提供更快的 wifi 就能一劳永逸。优质的服务是印刻在了顾客的大脑中，想顾客之所想，急顾客之所急，满足顾客的所有需求。想要做到这一点，全面准确地了解顾客在消费上的需求，单店是很难做到的。

综上，我们可以看到合纵对于单个实体店的好处是非常大的，那么想要获得这些优势，我们具体该如何入手呢？在我看来，我们可以从以下几个方面做起：

搭建数据平台

数据平台是搭建合纵集团的基础，也是连接合纵成员的一个桥梁。

数据平台具体有三个方面的作用：首先它能够调整合纵关系，根据客流和销售的关系，将各个层面上的不适合合纵要求的门店剔除。这样一来我们就能更加顺畅地整合各个门店现有的资源，保证合纵团队的销售效率；其次，数据平台可以指导我们的运营工作，小至单个的门店，大至整个合纵集团，顾客在数据上表现出来的各种变化能够为我们提供第一手资料，帮助我们及时、正确、高效地调整运营方向；再者，数据平台是我们制定营销策略的指南针，能够让我们的营销过程中有的放矢。比如我们手中只有 120 张优惠券，我们应该发给哪些顾客？假如一周我们只能向顾客发送一条短信，那么应该发送什么内容呢？这个时候我们就能根据数据平台找到最精准的答案，让每一分钱都能收到最大的回报。数据平台的作用见图 9-4：

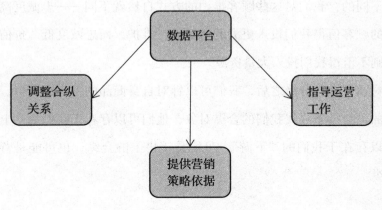

图 9-4　数据平台的作用

需要注意的是，有些合纵集团会使用老旧的 IT 平台、数据系统来代替数据平台，这样做的弊端是显而易见的：一是会影响大量新型数据信息的获取和流动，不利于我们进行分析提炼；而是合纵需要在内部打通所有的环节，做到经脉畅通，不能有任何的信息阻塞。新建系统能够

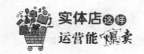

有效地杜绝旧系统改造过程中引发的各种兼容问题，所以合纵数据平台的搭建需要新建数据平台，最大限度地保持内部信息畅通。

对顾客分级寻找合纵对象

单个门店很多时候只有自己的顾客数据，根据这些数据对顾客进行分级，最终的准确度值得怀疑。而有数据平台支持的顾客分级相对单个店铺的分级应当更加细致准确，而且对营销和运营有着很大的参考价值。在数据平台支持下，我们可以将顾客分出 10 个等级，也可能分出 20 个等级，并不是为了多而多，而是立足于精细化经营原则而细，为了更加精准地了解顾客需求而多。不同等级的顾客对我们的忠诚度和价值也是不同的，我们对这些顾客维护的方式自然就不同——忠诚度高、价值大的顾客值得我们投入更大的资源进行维护，而忠诚度低、价值小的顾客则不值得我们投入大量资源。

对顾客进行分级之后，我们可以针对自身商品的主流顾客群，沿着他们的消费链条寻找我们的合纵对象，他们可以存在于我们的"上游"，也可以存在于我们的"下游"，可能是销售上的合纵，也可能是营销上的合纵。

执行

在很多人看来，执行环节似乎是合纵最简单的一步，但实际上这一环节其实是最难的一步。因为在执行环节，我们需要解决一线员工以及管理层对合纵以及数据分析结果的抵触情绪，因为在很多时候，一线员工和管理层对新生事物带有天然的抵触情绪，他们更趋向于守旧，而非改变。虽然他们在表面上似乎没有什么意义，但是在执行过程中会有意识地放慢进度，打折扣，甚至歪曲，从而导致合纵变得低效。

03. 借助"互联网+"重获新生

在现今网店大行其道的时代，实体店不仅客流大减，而且还成了"线下选、线上买"顾客的"试衣间"。难道实体店真的要被网店打压下去，成为网店兴盛的垫脚石么？在我看来，这个问题的答案是否定的，虽然当前有很大一部分实体店受到了冲击，但不可否认的是，还有很多实体店不仅没有受到冲击，反而还借助互联网的作用，成功地升级了自身业态，涅槃重生，获得了更好的经营优势。

比如城市街头出现的各种新式的漫画社、网咖、手工艺坊、桌游吧、茶吧、书吧、陶吧、音乐餐吧等消费场所。这些新式的消费场所和传统意义上的以经营商品为主的实体店相比，最大的特点就是他们向顾客提供的主流产品是服务，称其为服务型实体店更合适。由于这些实体店主要面向顾客提供体验性消费、文化类消费、精神类消费等服务项目，所以在借助"互联网+"优势时就更为灵活顺畅，也更能生产出吸引顾客的服务产品。

张鑫是一家婴童用品连锁门店的店长，过去一年称得上是他经营最为艰难的一年，他在经营过程中主要面临两个问题：一是门店不仅面临着网店的竞争，而且他的门店旁边还新开了一家童婴店，分流了不少会

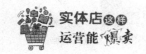

员，造成了营业额迅速下滑；二是市场上的童婴品牌众多，知名品牌价格透明，毛利率低，而自有品牌虽然毛利高，但是推介难度却比较大。

后来他通过培训学，接触到"互联网＋"的经营理念，开始积极探索将互联网作为会员拓展的一种有效工具。张鑫认为随着智能手机的普及，移动互联技术已经渗透到了人们生活的方方面面，最显著的一个例子就是微信的爆红——不管是交际还是支付，都能看到微信的影子。所以他决定从微信入手，开始探索利用微信拓展会员的方法。

他尝试根据不同的爱好将自己的核心会员进行细分，建立起了多个微信群，每个群的规模都在 10 ~ 20 人之间，这个规模可以更便利地进行维护和关联。建好了群，张鑫每天会通过微信圈分享大家彼此关心的备孕、育儿、喂养、婴幼儿疾病知识，另外还会推出一些热点话题，吸引大家互动讨论。

张鑫从来不在群里发任何广告，也禁止群员在群里发布广告。张鑫认为太过明显的广告会降低大家的参与度，甚至会引发大家的厌恶情绪。他认为通过专业知识分享和回答各种育儿问题，本身就是一种互联网推广方式，因为专业有助于获得群内成员的认可，赢得大家的尊重，自然就会获得大家的主动推荐，而群成员的这种"信任背书"会让更多的潜在顾客关注他的店铺。

慢慢地，群内的成员和张鑫越混越熟，对他的信任也越来越高，开始由线上的交流发展为到店面对面沟通，咨询相关产品选择和育婴知识。而且大家还介绍了更多的新顾客，这些顾客对张鑫的信任度很高，这为张鑫推介新品和自有品牌提供了帮助，让产品推介变得更加简单容易。就这样，张鑫所管理的门店会员数开始快速扩张，门店效益也走出了谷底，获得了极大的提升。

其实不仅单个实体店可以借助互联网获得新生，大的实体企业也可以借助互联网脱胎换骨，找到一条新路，再次走上巅峰。国美电器总裁王俊洲曾说："实体店与网店并不冲突，实体店不仅不会衰亡，还会借助'互联网＋'重获新生。"借助"互联网＋"思维，国美建立了线上线下通用的支撑服务平台，经营持续向好。在线上，国美通过全品类拓展、增强商品价格竞争力、挖掘应用大数据等，提升知名度和顾客黏性；在线下，国美倾尽全力打造体验式卖场，在互动中提升消费者满意度。

在我看来，传统实体店借助"互联网＋"重获新生，所依靠的不应该仅仅是互联网技术，更重要的应该是互联网思维。我们要善于用互联网的思维来改造传统实体商业，从而使得线下的门店在顾客眼中更具互动性，更具体验性，在商品组织上也要挖掘出之前所不具备的"新""奇""特"，从而让处于不同年龄段的顾客都能和我们互动起来，这才是我们涅槃重生的最大依仗。

做好体验，做精服务

实体店"互联网＋"，并不是要全盘网络化，一味追求互联网技术。实体店采用互联网技术的根本目的还是在于提升顾客的消费体验，而体验好不好，关键在于服务贴心不贴心。所以对实体店而言，首先要做好体验，做精服务。比如在店铺装修上做到独具一格，环境要养眼；采用一站式的服务模式满足不同消费层次顾客的需求；全方位提供吃喝玩等项目。

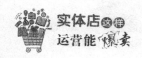

在营销端引入互联网概念

实体店融合互联网，营销端是一个重要的环节。我们需要在营销端同步使用官网、微信、微博、客户端、电子互动屏等渠道，将店内产品的品类以及优惠信息等各类信息在第一时间呈现在顾客眼前。

在销售端，我们可以探索开设网店，通过挖掘应用大数据、增强价格竞争力、全品类拓展等形式，提升自身品牌知名度，增强客户黏性。营销两端引入互联网的途径见图9-5：

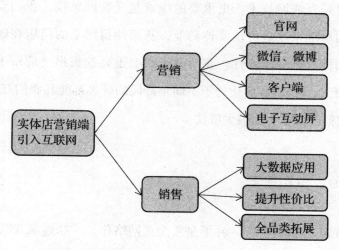

图 9-5　营销两端引入互联网途径

要找准自身定位

借助"互联网＋"重塑实体店经营的过程中，要确保定位的精准。和"互联网＋"融合之后，一些实体店专业店之所以能够焕发出蓬勃的生命力，一个关键的因素就是定位明确，价格合理，将目标人群锁定在城市新生代，这种定位经营值得传统实体店借鉴。

在我看来，"互联网+"之于传统商业是一种全面穿透，各种业态的商业都能找到自己的生长点，完成华丽的蜕变。借助"互联网+"，购物中心完全可以引领行业潮流，社区便利店也可以融入社区居民的生活中，专业店则可以变身为人们的生活顾问和管家。

04. 实体店也要抓住流量这把无敌剑

在打融合牌的时候，我们首先想到的往往是这样一个问题：如何才能获得最大流量？因为流量大意味着我们可以获得更大关注度和曝光度，我们卖出商品的概率自然也会随着流量的飙升而提高。很多人不得要领，搞不清楚流量是什么。打个比方，我们开了一家店，每天到你的店内看产品的人数就是流量，进店的人数越多，也就意味着流量越大，我们品牌就会变得越响亮，我们卖出产品的可能性就越大。

那么，实体店在和互联网融合过程中，如何才能获得最大的流量呢？

打造爆品，让它火起来

对实体店而言，不管是花费多少心思和资源去做一款产品或服务，最终的目的都是获得最大的流量，用高流量带动销售，继而获得最大利润。假如实体店能够从一开始就将自己的产品打磨出闪光点，做好顾客

关系，那么就能利用互联网迅速地在顾客群体中形成引爆效应。

也就是说，实体店也需要打造出自己的爆品，让其在网络上引发追捧狂潮，使得我们的品牌形象深深地烙印在顾客心中。如何打造一款爆品呢？首要一点就是产品必须具备闪光点，必须"亮晶晶"。对实体店而言，爆品之路没有什么捷径，需要我们对同类产品进行考察、分析、对比，找到差异点，然后有针对性地进行优势创新，才能为自身产品镶嵌上"钻石"。简而言之，就是提炼出爆款产品的功效性卖点，最大限度地将其放大，这样我们才能吸引顾客关注，获取流量，提升产品的成交概率。（见图9-6）

图 9-6 爆品的闪光点带来流量

聚焦粉丝带来流量

粉丝经济时代，得粉丝者得天下，实体店想要在运营中获得尽量可能多的流量，借助粉丝的力量，深挖自身品牌的互联网传播的潜力，从线上和线下入手，将自身打造成吸引粉丝的"磁铁"。对电商而言，粉丝的魅力是无穷的，对实体店而言，想要真正打好融合牌，获取足够的流量，同样也需要聚焦粉丝，推动粉丝进行"信任背书"。打个比喻，流量是水，粉丝则是水的源头，实体店能够吸引的粉丝数量越多，那么最终获得的流量就越大。

创建于1984年的联想，堪称中国第一代的科技品牌和世界500强科技公司，在很长一段时间内引领着中国电脑市场的发展潮流。然而随着移动互联网的兴起，全球个人电脑市场逐步萎缩，以智能手机为代表的智能设备大有取代个人电脑的趋势。随着国内各种新兴互联网品牌迅速崛起，很多人开始认为，联想作为老牌实体店，已经不再符合年轻人的胃口了。其实不光是联想，任何一家有着几十年品牌历史的企业，都可能遭遇品牌老化和转型的问题。

为了加强自身品牌在年轻人中的认知度，让更多的年轻人了解联想，喜欢联想，联想高层将每年的 8 月 8 号确定为"联想粉丝节"（见图9-7）。在这一天，联想会在多个城市举办活动，通过"线上促销＋线下活动"的方式带给粉丝诸多惊喜，比如举办 10 公里摇滚乐疯跑、high翻音乐趴、十城直播放肆告白、惊喜十足的年中大促等特色品牌活动，通过这些个性十足的活动来与年轻的用户和粉丝进行互动，并展现联想旗下多款产品充满创新和年轻化的一面。

图 9-7　充满激情的联想粉丝节

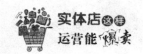

裂变传播获取更大流量

实体店想要做好融合，更好地运营，就必须做好传播，只有将自身产品和服务的种子利用互联网技术传播到尽可能远的距离，让更多人知道，我们在实体店运营过程中才会达到预期目标，才会获得更大的关注和更多的流量。但是现阶段，实体店想要让顾客通过社交媒体注意到自身变得越来越困难——随着移动互联网和智能终端的迅猛发展和普及，使得各种社交平台上充斥着海量的信息内容，我们想要从中突围，难度可想而知。

在这种背景下，我们的产品和服务信息想要迅速而响亮地传播出去，就必须抓住顾客的主流消费意识，迎合顾客需求，刺激顾客转发分享，让信息呈现裂变传播趋势，如此才能让我们的运营信息在信息海洋中崭露头角，最终呈现在顾客眼前，并最大限度地博取顾客好感。

2016年10月，一个新名词"蓝瘦香菇"开始在微信朋友圈开启霸屏模式，一时间大江南北，无人不"蓝瘦"，无人不"香菇"。"蓝瘦香菇"到底是什么东西，能够让这么多人为之倾倒？原来这个网络词语来最初源于一段网络视频，这个视频的录制者是广西南宁人，因为和女朋友分手了，心里很难过，很想哭，于是便录制了一段视频传到了网上。但是这个小伙子说的话地方口音比较浓厚，视频原话这样的："蓝瘦，香菇，本来今颠高高兴兴，泥为什么说这样的话？蓝瘦，香菇在这里。第一翘为一个女孩这么香菇，难受。泥为什莫要说射种话，丢我一个人在这里。"这些话听起来喜感十足，带有浓厚的魔力色彩，网友看了之后不仅不觉得"蓝瘦"，反而捧腹大笑，欢快无限。于是"蓝瘦香菇"这个网络新词便迅速地通过 QQ 空间、百度贴吧、微博、微信朋友圈等社会化媒体传播开去，一时间红遍了中国。

很多人当"蓝瘦香菇"为笑谈，但是一家专门生产辣酱的工厂却从中看到了巨大的流量金矿，立即推出了一款名为"蓝瘦香菇肉丝酱"的新品在自己线下体验店销售。这款肉丝酱由猪肉、香菇和泡椒等原料经过多道工序蒸煮熬制而成，非常下饭。"蓝瘦香菇肉丝酱"一出，立即受到了进店顾客的关注，很多人看到后先是哈哈大笑，然后便会掏出手机拍照分享到自媒体社交平台，当然大多数人都会买一瓶带回去尝一尝。这样一来，"蓝瘦香菇肉丝酱"一下子成了当地消费者眼中的明星，人们涌进这家店，想要一睹"蓝瘦香菇肉丝酱"的"芳容"，而随着人流的涌入，这家店在当地也声名鹊起，成功打响了知名度。

05. 实体店需要拥抱社群经济

圈子是社会交往的产物。从古代到现代，从个体到企业、社会乃至国家，圈子都是无处不在的，"物以类聚，人以群分"就是对圈子的最好阐释。生活在社会上，每个人对圈子都并不陌生，也无法回避圈子，因为社交是人最基本的需求，人人都希望得到别人的关心和照顾。

也就是说，只要个人同社会接触，那么就会自动或者被动地融入一个个圈子，比如对一个人而言，有亲人圈子、同事圈子、朋友圈子、同学圈子、老乡圈子、驴友圈子、家长圈子、钓友圈子……（见图 9-1）。圈子之所以能够让人"痴迷"，很大的一个诱惑点是圈子能够提供一种归属感，

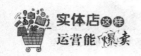

在圈子里面，人们能够相互抱团，互相帮助，利益互惠，合作共赢。

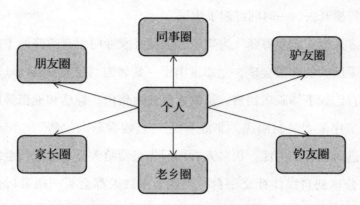

图 9-8　圈子是社会交往产物

随着互联网的快速发展，人们开始突破时间和空间的限制，在网络上形成了一个又一个圈子。在某个平台上，可以看到一个又一个圈子，这些圈子里的人性别、职业、年龄等千差万别，和现实中的圈子相比，因为网络的虚拟性，网络圈子往往会更活跃、更包容。很多时候，在网络上，只要彼此志趣相投，在某个问题上的认识一致或者相似，便可以组成一个圈子。互联网给予圈子更大生命力，见图 9-9：

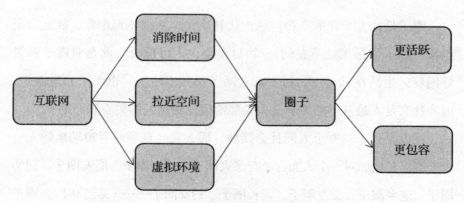

图 9-9　互联网给予圈子更大生命力

　　既然圈子是一类人的聚合体，那么在这类人群中就会产生一些明星式的人物或者产品，自然也会有崇拜他们的一群人，也就是所谓的"粉丝"。也就是说，有圈子的地方必然存在着粉丝，并且随着圈子的不断发展，粉丝也在不断地进化。

　　粉丝的进化可以分为三个阶段：一般粉丝、铁杆粉丝、狂热粉丝。所谓一般粉丝，其对崇拜的对象在情感上仅仅停留在"好感""喜欢"的层次上，虽然关注和支持某个人，喜欢某件产品，但是却非常理性。随着圈子的不断发展，粉丝对圈子里的某个人的能力了解越多，或对某个产品功能越满意，其在情感上就会由最初的"好感""喜欢"升华到"信任""拥护""追随"层次，这个层次的粉丝即为铁杆粉丝。而铁杆粉丝继续进化，就会变成狂热粉丝，他们对明星人物或者明星产品的崇拜已经到了"狂热"的层次，不管所崇拜的人做出什么行为、决定，或者所崇拜的产品做出何种变化，他们都会狂热地支持，这种支持是无条件的，甚至是盲目的、没有理性的。粉丝进化阶段见图 9-10：

图 9-10　粉丝进化阶段

　　基于此，实体店在同互联网进行深度融合的过程中，需要抓住社群网络上的一个又一个圈子，利用这些圈子进行拉近自身和顾客之间的距离，深度融入顾客的生活中去。这样实体店才能成为顾客生活中不可或缺的一部分，获得顾客发自内心的认同和拥护。

　　利用社群，我们可以变被动为主动，更好地和顾客进行互动，获得顾客的信任背书。

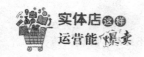

极致的服务

怎么才能在第一时间解决顾客在使用产品时遇到的问题呢？最好的一个办法就是顾客在哪儿就把服务做到哪儿，保证服务就在顾客周边，不用顾客主动提出，而是主动找顾客沟通询问。

社群中的服务板块可以很好地帮助我们实现这一目标，一天 24 小时，顾客都可以利用社群的服务功能反馈问题。而且管理人员还可以通过社群主动发布话题，调查顾客在使用产品中遇到的问题，进行大范围服务覆盖，第一时间解决顾客的问题，提升顾客的服务满意度。

想要让顾客体验到极致服务，那么我们就必须在"快"字上做文章。正所谓"天下武功，唯快不破"，其实做服务在本质上也是在做"快"，谁的服务响应迅捷，谁能够在第一时间出现在顾客面前，解决他们在产品使用过程中遇到的问题，谁就能在顾客心中快速地树立起良好的口碑。

当然，再好的服务承诺总会有不能兑现的时候，出现这种状况时，必然会在顾客心中留下一定的"阴影"。这个时候，我们可以通过之前建立起来的服务补偿机制进行相应的"赔付"。这样一来，在社群中势必会引发口碑传播热潮，展现极致服务特有的魅力。

给顾客带来源源不断的新鲜感

实体店的社群只有让成员产生"忠诚感"，才能焕发出强大的生命力。而顾客产生忠诚感的基础在于能够不断地在社群中获得自己关注的信息。从人的心理层面上看，人们普遍"喜新厌旧"，喜欢新产品、新信息、新服务。也就是说，实体店社群想要不断地吸引顾客的关注，留住粉丝，并且培养出忠诚度，让自身不断发展壮大起来，就必须给予顾客源源不断的新鲜感，让他们在社群中获得新产品信息、新的服务接口、新的系统更新资源，等等。

源源不断的新鲜感会给成员带来与众不同的体验，提升他们的满意度，增加他们对社群的归属感。如此社群才能在成员内心中树立起良好的口碑，产生更强的影响力。

提供简单的娱乐

一个实体店社群，想要吸引成员，黏住成员，不断发展壮大起来，还需要能够向成员提供简单的娱乐。一个充满活力的社群，也应该是一个能够愉悦成员的社群。特别是在竞争激烈的当下，人们参加社群的目的除了购物、学习之外，还想娱乐减压。基于此，我们需要在社群中定期引入一些娱乐性的话题或者开展一些娱乐性的活动、游戏，愉悦成员。